Development Report of Ethnic Minorities In China

中国少数民族事业发展报告

（2018）

教育部人文社会科学重点研究基地中央民族大学中国少数民族研究中心
中 央 民 族 大 学 少 数 民 族 事 业 发 展 协 同 创 新 中 心 组织编写

丁 宏　马金生 主 编

知识产权出版社
全国百佳图书出版单位
—北京—

图书在版编目（CIP）数据

中国少数民族事业发展报告 . 2018 / 教育部人文社会科学重点研究基地中央民族大学中国少数民族研究中心，中央民族大学少数民族事业发展协同创新中心组织编写；丁宏，马金生主编 . —北京：知识产权出版社，2019.10

ISBN 978-7-5130-6371-5

Ⅰ . ①中…　Ⅱ . ①教…　②中…　③丁…　④马…　Ⅲ . ①少数民族—民族工作—研究报告—中国— 2018　Ⅳ . ① D633

中国版本图书馆 CIP 数据核字（2019）第 148670 号

内容提要

本书分为总报告、分报告、专题报告、大事记四部分，从中国少数民族事业发展的重要性出发，通过对少数民族各项事业发展的梳理，全面展示其成果、发展轨迹、政策导向，并在此基础上提出意见和建议。

责任编辑： 高　源　　　　**责任印制：** 孙婷婷

中国少数民族事业发展报告（2018）

ZHONGGUO SHAOSHUMINZU SHIYE FAZHAN BAOGAO (2018)

教育部人文社会科学重点研究基地中央民族大学中国少数民族研究中心
中央民族大学少数民族事业发展协同创新中心 组织编写
丁　宏　马金生　主编

出版发行： 知识产权出版社有限责任公司	**网　址：** http://www.ipph.cn http://www.laichushu.com
电　话： 010-82004826	
社　址： 北京市海淀区气象路 50 号院	**邮　编：** 100081
责编电话： 010-82000860 转 8701	**责编邮箱：** laichushu@cnipr.com
发行电话： 010-82000860 转 8101	**发行传真：** 010-82000893
印　刷： 北京建宏印刷有限公司	**经　销：** 各大网上书店、新华书店及相关专业书店
开　本： 787mm × 1092mm　1/16	**印　张：** 13.25
版　次： 2019 年 10 月第 1 版	**印　次：** 2019 年 10 月第 1 次印刷
字　数： 210 千字	**定　价：** 68.00 元

ISBN 978-7-5130-6371-5

前言

国务院办公厅印发的《少数民族事业“十二五”规划》指出：“少数民族事业，是党和国家坚持与完善民族区域自治制度，加快少数民族和民族地区发展，保障少数民族合法权益，巩固和发展平等、团结、互助、和谐的社会主义民族关系，促进各民族共同团结奋斗、共同繁荣发展的一项综合事业。大力发展少数民族事业，是适应我国多民族基本国情的客观需要，是增进民族团结和维护社会稳定的重要保障，是实现全面建设小康社会战略任务的重要内容。少数民族事业的发展，事关各族群众的福祉，事关社会主义现代化建设的全局，事关国家团结统一和长治久安，具有重大的现实意义和深远的历史意义。”

中央民族大学是中国少数民族教育的最高学府，在少数民族事业发展中肩负着历史重任。中央民族大学从建校之初就服务于党和国家的民族团结进步事业，特别是在承担完成民族识别、少数民族社会历史和语言调查等国家重大任务中，在创建中华民族多元一体理论、加快西部地区发展和推动出台扶持人口较少民族发展的政策研究等方面，都为中央相关政策的出台做出了不可替代的贡献。2015 年，为贯彻教育部、财政部《关于实施高等学校创新能力提升计划的意见》的重要精神，按照“国家急需、世界一流”的原则，中央民族大学再一次以其民族研究的优势，以特色学科为基础，协同我国在少数民族事业发展领域最具实力和特色的教学、研究与决策咨询机构，包括国家民族事务委员会民族问题研究中心、国家宗教事务局、国务院发展研究中心、中国社会科学院世界宗教研究所、中国社会科学院民族学与人类学研究所、西北民族大学、西南民族大学、中南民族大学、北方民族大学及大连民族大学等，组建了“少数民族事业发展协同创新中心”（以下简称“创新中心”）。“创新中心”聚焦于决定少数民族事业发展的最重要的前沿问题、核心问题，紧紧围绕“民族团结进步”这条主线，以民族团结、进步、共同繁荣发展为目标，建立了“民族团结理论与政策”“和谐民族关系建设”“民族地区经济发展与科技创新”“民族团结教育”“少数民族事业发展信息”五大平台。希望能够通过各协同单位的“强强合作”，对少数民族事业发展进行战略规划，为国家解决少数民族事业发展问题提供战略咨询、舆论引导、理论贡献、政策献言、学术支持与人才保障。2016 年 6 月，“创新中心”通过国家民委的评审和认定。

为进一步增强协同创新能力、凝聚研究力量，2018 年 5 月，“创新中心”与教育部人文社科重点研究基地中央民族大学中国少数民族研究中心实现合署办公，其发展定位是：聚焦民族领域的重大理论与现实问题，围绕民族地区社会稳定、经济文化发展和“一带一路”倡议等国家发展战略，开展基础性与实证性对策研究，致力于建成中国少数民族事业发展的国家一流智库，为中央民族大学“双一流”建设提供有力支持。

少数民族事业发展是一项伟大的事业，几乎包罗万象，但总结其发展的历史脉络，其核心点就是“民族团结进步”。“民族团结”，就是处理好民族关系；“民族进步”，就是促进民族地区的经济发展和社会发展。民族团结进步了，少数民族事业就得到了最好的发展。这项事业为中国的强盛、为实现中华民族伟大复兴的“中国梦”做出了巨大贡献。为此，编制年度《中国少数民族事业发展报告》就是从少数民族事业发展的重要性出发，通过对少数民族各项事业发展的梳理，全面展示其成果、发展轨迹、政策导向，并在此基础上提出意见和建议，以此发挥中央民族大学中国少数民族研究中心、少数民族事业发展协同创新中心在少数民族事业发展中的“思想库”与“智囊团”作用，为国家正确处理和有效解决民族问题、不断提升民族事务治理能力和完善民族事务治理体系、促进民族地区社会协调发展和维护边疆地区长治久安等重大战略问题提供政策参考和咨询服务，同时为相关学术研究提供基础信息。

2018 年《中国少数民族事业发展报告》在编写体例上与往年相比有了一定变化，分为总报告、分报告、专题报告和大事记四个部分。其中，总报告主要总结了2018年中国少数民族事业发展的总体情况；分报告对2018年中国少数民族事业发展的重点领域和热点问题进行了实证研究；专题报告对2018年北京、上海民族工作的发展及改革开放40年民族权益保障法制建设进行了实证研究；大事记对2018年少数民族事业发展的重要事件进行了整体梳理，使之一目了然。之所以做出这样的调整，主要是希望在总体呈现中国少数民族事业发展状况的同时，能对中国少数民族事业发展中的重点、难点和热点问题有一个更好的把握，同时提出更具有针对性和建设性的对策和建议。

丁宏　马金生

2019年6月30日

目录

总报告

分报告

专题报告

2018年中国少数民族事业发展大事记 张金利

总报告

2018 年中国少数民族事业发展报告

马金生　王　丹　文　晖　马　欣　马衣努·沙那提别克*

2018 年是全面贯彻党的十九大精神的开局之年，也是改革开放 40 周年。在这一年里，各地深入学习贯彻习近平新时代中国特色社会主义思想，紧紧围绕铸牢中华民族共同体意识这条主线，广泛深入开展民族团结进步教育和创建工作，民族地区经济稳步增长，减贫脱贫工作稳步推进，社会保障体系建设稳步发展，民族文化产业呈现勃勃生机，民族科技促进民生卓有成效，平等团结互助和谐的社会主义民族关系不断巩固，少数民族事业发展不断取得新的成绩。[1]

一、中国少数民族事业发展的主要成绩

（一）民族团结进步教育活动积极开展，中华民族共同体意识进一步铸牢

习近平总书记在党的十九大报告中指出，要深化民

* 马金生、王丹、文晖、马欣、马衣努·沙那提别克均为教育部人文社会科学重点研究基地中央民族大学中国少数民族研究中心、少数民族事业发展协同创新中心研究人员。

[1] 2019 年 1 月 25 日—2 月 15 日，《中国民族报》在 002 版连续四期刊登了各地民族工作部门负责人访谈及一期全国民委主任会议交流发言摘登，作为《铸牢中华民族共同体意识　扎实推进新时代民族工作》特别报道，以下对 2018 年中国少数民族事业发展主要成绩的总结均来源于此，不再单列出处。

族团结进步教育，铸牢中华民族共同体意识。这对做好新时代民族工作提出了新的更高要求。2018 年以来，各地各部门以习近平新时代中国特色社会主义思想为指引，紧扣“中华民族一家亲，同心共筑中国梦”的总目标，强化顶层设计，不断丰富民族团结进步创建内涵，创新理念、手段、方法，推动民族团结进步创建工作向纵深发展。

加强顶层设计，促进民族团结进步创建制度化建设。2018 年，中共中央办公厅、国务院办公厅印发了《关于全面深入持久开展民族团结进步创建工作铸牢中华民族共同体意识的意见》，首次提出把创建工作纳入地方党政领导班子政绩考核、经费纳入政府年度预算，在全国文明城市测评体系中进一步突出民族团结进步创建。例如，北京市出台了《北京市民族团结进步创建三年行动计划（2018—2020）》；云南省调研起草了《云南省民族团结进步示范区建设条例（草案）》并已上报省人大常委会，深入实施《云南省建设我国民族团结进步示范区规划（2016—2020 年）》，积极协调省级相关部门签署示范区建设 2019 年度任务承诺书。

坚持典型引路，培育打造民族团结进步创建示范单位。2018 年，各地在民族团结进步创建工作中涌现出一批先进典型，发挥了积极的示范引领作用。其中，北京市西城区牛街街道西里二区社区等 204 家单位被评为第六批“全国民族团结进步创建示范区（单位）”。各地除了积极培育打造民族团结进步教育基地和创建示范单位，还纷纷创建民族团结进步示范校。例如，辽宁省在各级各类学校开展“和美校园，同心筑梦”主题创建活动，评选命名了全省第四批共 10 所民族团结进步示范校。

创新工作方式，进一步丰富民族团结创建工作内涵。新疆维吾尔自治区将民族团结一家亲和民族团结联谊活动与民族团结进步创建工作结合起来，通过结对认亲、干部下沉住户、联创共建等形式，大力开展形式多样、内容丰富、村民喜闻乐见的民族团结进步创建活动。江苏省则是以党建带创建，以社团组织活动助推创建，把创建工作纳入各级党委党建目标，把创建工作嵌入各类社会活动之中。黑龙江省组织创作《让我叫您一声秦妈妈》等微文学音频作品，扩大创建工作的影响力。此外，京津冀三地民族工作部门召开了城市民族工作交流会，探讨了城市民族团结进步创建工作的方法和途径，推动了三地民族团结进步创建工作协同发展。

（二）民族地区经济实现稳定增长，人民生活水平不断提高

改革开放 40 多年来，我国少数民族地区获得了极大的发展，由贫穷到温饱，再到总体小康，实现了跨越式发展，取得了前所未有的发展成就。从农村到城市，从经济水平到民生工程，从基础设施建设到对外开放的步伐，民族地区都获得了翻天覆地的变化。2018 年，我国国内生产总值为 900309 亿元，同比增长 6.60%。民族八省区[1]地区生产总值为 90576.4 亿元，占国内生产总值的 10.06%，比 2017 年的 10.30% 比重略有下降。与全国增速相比，2018 年，贵州、西藏和云南的地区生产总值增速位居全国前三位，分别为 9.15%、9.10% 和 8.90%；青海、宁夏和广西也超过全国平均增速，分别为 7.20%、7.00% 和 6.80%（如图 1）。其中，广西的地区生产总值在民族八省区中最高，为 20352.51 亿元（见表 1）。

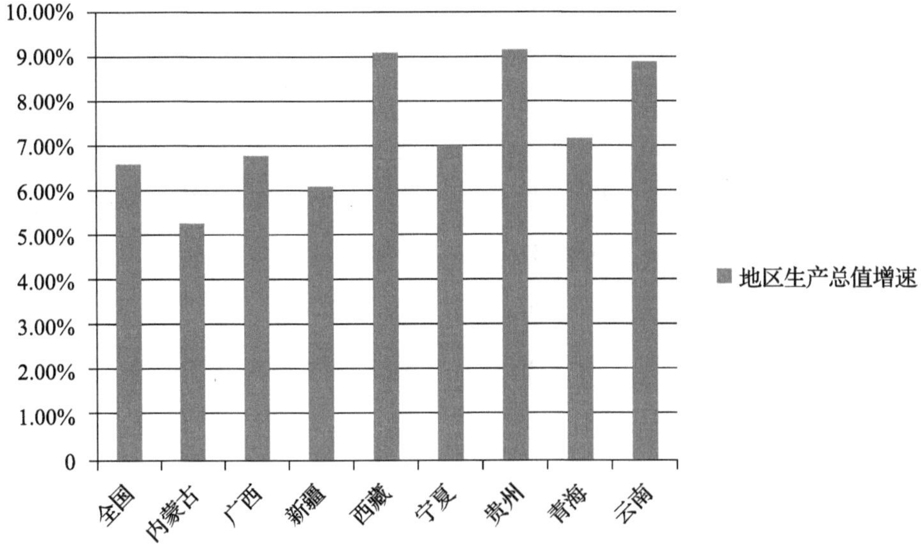

图 1　2018 年民族八省区地区生产总值增速情况

[1] 民族八省区包括内蒙古自治区、宁夏回族自治区、新疆维吾尔自治区、西藏自治区、广西壮族自治区五大少数民族自治区和少数民族分布集中的贵州、云南、青海三省。

表1 2018年民族八省区地区生产总值

地区	地区（国内）生产总值（亿元）
全国	900309.00
内蒙古	17289.20
广西	20352.51
新疆	12199.08
西藏	1477.63
宁夏	3705.18
贵州	14806.45
青海	2865.23
云南	17881.12
民族八省区	90576.40

民族八省区供给侧结构性改革深入推进，经济转型升级态势良好。2018年，民族八省区全年第一产业增加值为11801.88亿元，占地区生产总值的13.03%；第二产业增加值为36041.88亿元，占地区生产总值39.79%；第三产业增加值为42732.66亿元，占地区生产总值的47.18%。第三产业增加值增速最快的为贵州，为9.50%，广西为9.40%，新疆为8.00%，云南为7.60%，高于或与全国平均增速7.60%持平（见表2）。

表2 2018年民族八省区第一、第二、第三产业情况

地区	第一产业		第二产业		第三产业	
	增加值（亿元）	比2017年增长（%）	增加值（亿元）	比2017年增长（%）	增加值（亿元）	比2017年增长（%）
内蒙古	1753.82	3.20	6807.30	5.10	8728.10	6.00
广西	3019.37	5.60	8072.94	4.30	9260.20	9.40
新疆	1692.09	4.70	4922.97	4.20	5584.02	8.00
西藏	130.25	3.40	628.37	17.50	719.01	4.10
宁夏	279.85	4.00	1650.26	6.80	1775.07	7.70
贵州	2159.54	6.90	5755.54	9.50	6891.37	9.50
青海	268.10	4.50	1247.06	7.80	1350.07	6.90
云南	2498.86	6.30	6957.44	11.30	8424.82	7.60

民族八省区居民收入消费稳定增长。民族八省区 2018 年一般公共预算收入总额为 10221.83 亿元，占全国总数 183352 亿元的 5.57%。全年进出口总额为 305050 亿元，民族八省区进出口总额为 9281.91 亿元，占全国总数的 3.04%。2018 年全国社会消费品零售总额 380987 亿元，民族八省区总额为 31995.78 亿元，占全国总水平的 8.4%，与 2017 年所占比重持平。全国居民消费价格指数为 102.1（2017 年 =100），民族八省区中有 5 个省区均低于全国平均水平，分别为云南 101.6，西藏 101.7，内蒙古和贵州 101.8，新疆 102。民族八省区全体居民可支配收入的平均数为 20711 元，低于全国 28228 元的平均水平。其中，内蒙古为 28376 元，高于全国平均水平。民族八省区居民人均消费支出平均为 15453.70 元，比全国平均的 19853.14 元低 4399.44 元。（见表 3）。

表 3　2018 年民族八省区居民收入及消费情况

地区	一般公共预算收入（亿元）	社会消费品零售总额（亿元）	全体居民人均可支配收入（元）	居民消费价格指数（2017 年 =100）	居民人均消费支出（元）
内蒙古	1857.50	7311.10	28376	101.8	19665.22
广西	1681.48	8291.59	21485	102.3	14934.75
新疆	1531.46	3186.97	21500	102.0	16189.09
西藏	230.29	597.58	17286	101.7	11520.23
宁夏	751.41	935.80	22400	102.3	16715.09
贵州	1726.80	3971.21	13798	101.8	13798.06
青海	448.58	835.56	20757	102.5	16557.19
云南	1994.31	6825.97	20084	101.6	14249.93
民族八省区	10221.83	31955.78	20711	102.0	15453.70

民族八省区人口总量平稳增长，城镇化率持续提高。2018 年，内蒙古城镇化率高于全国 59.58% 的平均水平，为 62.70%；其余省区也都有所提高，广西为 50.22%，新疆为 50.91%，宁夏为 58.88%，西藏为 31.14%，贵州为 48.52%，青海为 54.47%，云南为 47.81%（如图 2）。

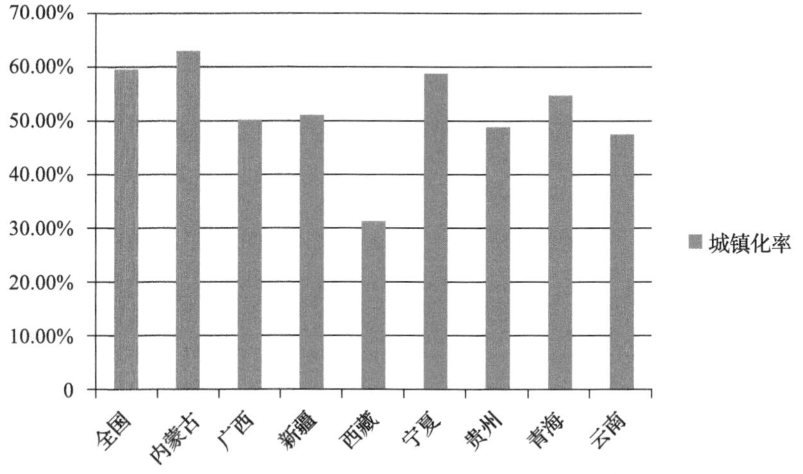

图 2　2018 年民族八省区城镇化率

（三）城市民族服务管理工作稳步推进，城市少数民族合法权益得到有效保障

随着我国进入了各民族跨区域大流动的活跃期，做好城市民族工作越来越重要。2018 年以来，各地贯彻落实中央有关精神，不断完善城市民族工作体制机制，积极探索新形势下城市民族工作的新思路、新办法、新途径，促进各民族交流交往交融，有力推动了城市民族工作发展，维护了民族团结和社会稳定。

少数民族流动人口服务管理工作"法治化"水平显著提高。各地积极完善相关政策法规，统筹谋划少数民族流动人口服务管理工作。江苏省委办公厅、省政府办公厅印发了《关于加强和改进江苏省少数民族流动人口服务管理的实施意见》，建立健全少数民族流动人口服务管理保障体系；江苏省民族宗教事务委员会与相关部门联合出台了《关于加强和改进新疆少数民族集体来苏务工服务管理工作的通知》，努力为新疆籍来苏务工人员在居住生活、工作学习等各方面创造有利条件；浙江省委办公厅发布了《关于进一步加强和改进城市民族工作的意见》；重庆市研究制定了《重庆市涉疆服务管理工作方案》，进一步明确相关部门职责，开展经常性走访慰问，帮助少数民族群众解决困难及问题；上海市民族宗教局与市公安局联合下发了《关于加强和改进少数民族流动人口服务管理工作的意见》；北京市民族宗教事务委员会与市委宣传部、市委统战部等六部门联合出台了《关于进一步加强和改进新疆少数民族群众在京务工经商服务管理工作的实施意见》，并与北京市教育委员会联合制定了《关于全面加强北京高校新疆籍少数民族学生教育管理服务工作的意见》；黑龙江省下发了《关于加强和改进少数民族服务管理工作的意见》，会同省委、省政法委等部门出台了《关于进一步加强在我省新疆籍人员服务管理工作的意见》，加快推动城市社区网格化管理，促进少数民族流动人口更好地融入城市。

少数民族流动人口服务管理工作“协作化”格局更加完善。2018年，部分地区建立完善少数民族流动人口“双向对接”的沟通协作机制。天津市民族和宗教事务委员会与青海省民族宗教部门工作组共同开展了面向5000余名青海籍在津流动人口的服务管理工作；北京发挥与八省区市协作机制作用，加强少数民族流动人口流入地、流出地对接，有针对性地做好少数民族流动人口服务管理工作；上海市积极商请新疆、青海、四川等地的民族工作部门选派干部到沪挂职，共同做好在沪少数民族群众的服务引导工作；河北省与青海、甘肃、北京、天津、西藏、新疆等省区市建立“两头对接”工作机制，与宁夏和内蒙古两地民委达成协作意向；江苏省民宗委会同相关部门，掌握少数民族流动人口动态信息，建立少数民族流动人口综合信息服务平台，实现各部门间少数民族流动人口信息互通互联、共建共享。

少数民族流动人口服务管理工作“市民化”目标有序推进。2018年，各地积极通过社区建设有效提升少数民族流动人口融入社会的能力。江西省推动全省50多个社区设立“少数民族之家”，实行民族事务挂牌服务，形成“8小时内服务在岗、8小时外志愿者在线”的工作格局；积极协调教育、卫生部门，实现少数民族流动人口随迁子女义务教育全部就近入学，确保在赣创业就业的少数民族同胞“小病得医治，大病得救治”。重庆会同新疆驻渝工作组举办新疆籍务工经商少数民族人员城市生活适应能力专题培训，开展国家通用语言文字、法律法规、生产经营等知识培训，教育引导他们遵守城市管理规定、融入城市生活。河北省举办了 55 期新疆来冀维吾尔族务工人员语言文化政策学习班，培训学员达 1100 余人次。北京会同新疆驻京工作组在朝阳、海淀、丰台等区举办了新疆籍少数民族务工人员培训班，培训 400 余人次，有效提升了少数民族流动人口融入城市的能力。

（四）民族事务治理体系不断完善，民族事务依法治理全方位推进

2018 年 3 月 11 日，十三届全国人大一次会议第三次全体会议表决通过《中华人民共和国宪法修正案》，将“实现中华民族伟大复兴”作为宪法任务和国家目标写入宪法，为民族问题纳入宪法调整范围和依法治理民族事务提供了根本法保障。这从根本法的高度为《民族区域自治法》等民族法律法规的实施提供了最高效力依据，有助于确保民族事务治理在法治化的轨道上进行。[1]

国家民委归口中央统战部统一领导。国家机构的顶层设计是否科学，直接关系治理效率和治理能力的现代化。2018 年 3 月 21 日，中共中央对外公布《深化党和国家机构改革方案》（简称《方案》）。根据该《方案》，为加强党对民族工作的集中统一领导，将民族工作放在统战工作大局下统一部署、统筹协调、形成合力，更好地贯彻落实党的民族工作方针，更好地协调处理民族工作中的重大事项，将国家民族事务委员会归口中央统战部领导。

民族法律法规体系不断完善。根据北大法宝搜索 2018 年民族地区所新制定或修改的自治条例、单行条例和补充条例，搜索结果显示，自治区一级共新制定或修改 83 项，自治州共制定或修改 37 项，自治县共制定或修改 25 项。在具体表现形式上，广西龙胜各族自治县重新修订了自治条例，其他地区均为单行条例及补充条例。在具体内容上，涉及面非常广，包含了立法、反极端、生态环境、语言文字、民族文化、村落古寨、民族教育、气象水文、科技成果转换等方方面面，为依法有效治理民族事务提供了必要的法律支撑。

---

[1] “中华民族”入宪具有里程碑式的意义——专家学者谈“中华民族”入宪［N］. 中国民族报，2018-04-27.

依法依规处理民族事务。各地深入贯彻落实中共中央办公厅、国务院办公厅《关于依法治理民族事务促进民族团结的意见》精神，就依法治理民族事务情况进行专项督查。例如，河南省民族工作部门引导少数民族群众依法反映诉求，配合有关部门依法打击违法犯罪。云南省加大政务公开力度，及时在门户网站发布《云南省少数民族语言文字工作条例》释义，认真做好“96128”政务热线和政务咨询解答。

民族法治宣传教育积极推进。按照党中央、国务院对法治宣传教育工作的统一部署，民族法治宣传教育积极推进，编制实施了普法规划，通过开展“民族法律法规宣传月（周、日）”等系列活动，不断提升各族干部群众的宪法意识和法律意识。国家民族事务委员会会同司法部、共青团中央、全国普法办连续举办了民族法律知识有奖竞答活动，通过“互联网＋法治宣传”的形式实现了全国各省、自治区、直辖市的全覆盖，推动了各族干部群众尊法学法守法用法良好法治氛围的形成。[1]宁夏创新法治宣传载体，推行“互联网＋”法治宣传教育普法模式，开通宁夏法治网、宁夏法治微信公众号、律师维权等专栏 80 多个，在全社会形成了良好法治氛围。

（五）社会保障稳步推进，受惠人口增加显著

让人人享有公平的社会保障，是党中央的庄严承诺，同时也是各级政府部门的工作目标。十九大召开以来，随着民族地区减贫、扶贫工作的深入开展，民族地区的社会保障建设也在稳步推进。从 2018 年民族八省区发布的国民经济和社会发展统计公报来看，民族八省区城乡居民享受最低生活保障人数、基本养老参保人数、基本医疗参保人数、失业保险人数等均有着明显增加。这说明在过去的一年中，民族八省区的社会保障事业成绩显著。

政府最低生活保障做到了“兜住底、广覆盖”。广西全区 2018 年共有 12 万人享受城市居民最低生活保障，182.2 万人享受农村居民最低生活保障，24.7 万人享受特困人员救助供养。西藏全区城镇居民共有 3.03 万人享受政府最低生活保障，农村居民有 18.76 万人享受政府最低生活保障。新疆全区共

[1] 常晓虹. 民族事务治理法治化：用法治保障民族团结［N］. 中国民族报，2018-12-21.

有 45.9 万人享受城市居民最低生活保障，201.6 万人享受农村居民最低生活保障。当然，也有个别省份享受最低生活保障的人口数量呈现下降趋势。如青海省 2018 年年末城市居民和农村居民享受最低生活保障的人数均有明显幅度的下降。其中，城市居民享受最低生活保障人数下降 42.8%，农村居民享受最低生活保障人数下降 29.7%。这说明相当一部分人员实现了脱贫，生活质量大幅度提高。

最低生活保障标准持续提升。近些年来，随着国家对社会保障的重视，各级政府对社会保障的财政投入稳步增加，最低生活保障标准也在持续提高。民族地区的最低生活保障标准尽管起点低，但近年来的增速却比较快。例如，2018 年青海省城市和农村最低生活保障标准分别提高了 600 元 / 年和 380 元 / 年。贵州省 2018 年年末城市居民最低生活月人均保障标准 598 元，比 2017 年增长 6.6%；农村最低生活保障年人均保障标准 3908 元，比 2017 年增长 9.2%，增速明显。

基本养老保险参保人数增加幅度明显。与往年相比，民族地区基本养老保险参保人数有着明显的增加。例如，2018 年年末贵州省城镇职工基本养老保险参保人数为 639.81 万人，增长幅度为 8.8%；内蒙古参加城镇职工基本养老保险人数为 733.5 万人，比 2017 年年末增长 5.6%；新疆参加城镇职工基本养老保险人数为 523.27 万人，比 2017 年年末增长 12.73%；广西城镇职工基本养老保险参保人数为 825.88 万人，比 2017 年年末增加 6.18%。城乡居民基本养老保险人数同样有明显增加。2018 年贵州省城乡居民基本养老保险参保人数为 1802.66 万人，增长 3.1%；青海省城乡居民基本养老保险参保人数为 245.63 万人，比 2017 年增加 2.73%；新疆城乡居民基本养老保险参保人数为 713.18 万人，比 2017 年增加 20.75%；广西参加城乡居民基本养老保险人数为 1889.62 万人，比 2017 年增加 4.63%。这里需要指出的是，宁夏参加城乡居民基本养老保险人数为 181.37 万人，比 2017 年减少 2.22%。

基本医疗保险参保人数稳中有增。2018 年年末宁夏基本医疗保险参保人数为 626.25 万人，比 2017 年增长 1.3%；贵州省基本医疗保险参保人数为

1040.47万人，比2017年增长3.9%；青海省城镇职工医疗保险参保人数为99.42万人，比2017年增长5.73%，城乡居民医疗保险参保人数为455.93万人，比2017年增长0.21%；新疆基本医疗保险人数为1998.95万人，比2017年增长7.07%。其中，城镇职工基本医疗保险参保人数441.59万人，比2017年增长10.61%；城乡居民基本医疗保险参保人数1557.37万人，比2017年增长6.11%。

失业保险参保人数增速明显。2018年，民族地区购买失业保险的人数明显增长。贵州省2018年失业保险参保人数为257.33万人，比2017年增长9.2%；青海省失业保险参保人数为42.28万人，比2017年年末增加1.95%；新疆失业保险参保人数为261.78万人，比2017年增加11.58%；广西失业保险参保人数为323.52万人，比2017年增加7.08%；内蒙古参加失业保险人数为255.5万人，比2017年增长3.4%。

（六）文化融合创新发展，文化产业生机勃发

2018年，我国文化建设在各项政策的指引下，朝着稳步前进的方向持续发力，并在融合创新中形成新业态，辐射、带动了相关行业的集聚和创新。《中国文化产业年度发展报告（2019）》系统分析了2018年中国文化产业的总体趋势和具体布局，梳理了行业发展十大关键词组：乡村振兴精准发力、文旅融合战略深化、资本市场热潮遇冷、行业整合积聚动力、原创内容繁荣生发、付费意愿日益增强、沉浸体验平稳增长、城市营销塑造形象、智能文创持续助力、电竞生态跨界融合。

1. 公共服务、媒体与互联网

据文化和旅游部《2018年文化和旅游发展统计公报》显示，艺术演出和公共服务体系行业，2018年全年共创排艺术作品1150部，其中新创802部，复排260部，移植改编88部。2018年全国艺术表演团体共演出312.46万场，其中赴农村演出178.82万场，占总演出场次的57.2%。全国共有公共图书馆3176个，从业人员57602人；共有群众文化机构44464个，共组织开展各类文化活动219.48万场次。

《2018 年全国广播电视行业统计公报》显示，全国广播节目制作时间 801.76 万小时，电视节目制作时间 357.74 万小时。在网络视听节目层面，网络视听付费用户规模达 3.47 亿人，新增购买及自制网络剧 2133 部，服务收入达到 223.94 亿元。广播电视行业，文化产品内容创作显著提升，从免费阶段逐步进入收费阶段，群众付费意愿强烈。

互联网行业，泛娱乐、游戏产业仍是热点话题。泛娱乐领域，短视频、音乐、阅读、网络 K 歌、有声阅读、手机动漫、直播等持续拉动网络平台流量，日活跃用户数呈现自增长态势。游戏行业则成为文化产业的主要增长点。《2018 年中国游戏产业报告》指出，全年中国游戏产业总营收 2144 亿元，游戏玩家总数达到 6.26 亿，其游戏内容朝着 IP 化和传统文化的方向发展。以《尼山萨满》为例，这部取材于中国北方少数民族宗教传说的音乐节奏游戏，融合了中国传统的民间文学、民间艺术和民间音乐，在虚拟的世界中为大众带来了文化的真实触碰感，实现了传统文化和电子游戏的有机结合。

2. 非物质文化遗产

2019 年 1 月，文化和旅游部公布了 2018 年中国非物质文化遗产十大事件，从理论政策、主题活动、教育传承、文化生态、精准扶贫等多个层面，对中国非物质文化遗产保护取得的成绩进行梳理。成绩的背后，是非物质文化遗产发展的新动向和新路径，也体现了非物质文化遗产保护面临的新机遇和新挑战。

在非物质文化遗产传承人方面，进一步加强了传承人的确立和培养，强调发挥传承人的示范引领作用，为非物质文化遗产文化的延伸提供人才保障。文化和旅游部确定并公布了第五批国家级非物质文化遗产代表性项目代表性传承人名单，共计 1082 人；出台了《中国非物质文化遗产传承人群研修研习培训计划实施方案（2018—2020）》，围绕“强基础、拓眼界、增学养”的培养理念，搭建高校与传承人之间的交流平台，探索非物质文化遗产保护、传承的路径和学术科研体系的建设。

在非物质文化遗产项目方面，多项非物质文化遗产项目纳入系统规划，并落实了具体的实施方案。2018 年 11 月 28 日，藏医药浴法列入联合国教科文组织人类非物质文化遗产代表作名录。2018 年 5 月 24 日，文化和旅游部、工业和信息化部联合发布第一批传统工艺振兴目录。这是在 2017 年传统工艺振兴计划基础上的深入，共 14 类 383 个国家级传统工艺类非物质文化遗产项目被纳入其中，涉及革命老区、民族地区、边疆地区和贫困地区，包含花瑶挑花、维吾尔族刺绣、苗寨吊脚楼营造等众多少数民族地区的手工艺内容。同时，依托品牌化运营方式，对地方独具特色的传统工艺精细打磨，形成较为完备的传承链，提供就业岗位，助力精准扶贫。

在传播实践方面，多渠道多平台的展演形式，体现出“见人见物见生活”的精神理念。2018 年，“文化和自然遗产日”围绕“多彩非遗，美好生活”的主题，共举办了 3700 多项丰富多彩的非物质文化遗产宣传展示活动。以“活态传承、活力再现”为主题的第五届中国非物质文化遗产博览会，选取线上线下同时举办的方式，全面展示了传统文化的历史记忆和现实印象，实现了非遗与民众生活的紧密结合。此外，还有众多集教育与娱乐为一体的非遗类综艺节目，如《上新了，故宫》《非常传奇》等。一代代人记忆深处的经典文化，在媒体不断融入生活的文化语境中，获得了新的发展机遇。

在文化创新方面，继续实施“文化产业双创扶持计划”，遴选扶持 40 家文化产业众创空间、双创服务平台，为民营文化企业、中小文化企业发展构建双创服务体系，支持并规范文化产业园区的创建验收。[1]公共服务行业积极融合数字技术，进行传统文化的文创尝试。包括博物馆、图书馆、展览在内的多类，公共文化场所都搭载了大数据的快车，建立起互联网空间中的文化传播体系。

3. 文旅融合

2018 年 3 月，文化部、国家旅游局组建为文化和旅游部，秉承“宜融则融，能融尽融，以文促旅，以旅彰文”的工作思路，继续统筹我国文化事业、文化产业的规划和发展。伴随着国家重大部门的调整，文旅融合成为 2018 年的新业态，在一定程度上推动了文化的衍化和发展，优化了文化产业

[1] 参见《中华人民共和国文化和旅游部 2018 年文化和旅游发展统计公报》。

结构，促进了地区经济转型升级。

2018 年是特色小镇深入发展的一年，国家发改委印发了《关于建立特色小镇和特色小城镇高质量发展机制的通知》（以下简称《通知》），进行新一轮特色小镇的申报和审批工作。在规范化、制度化的基础上，《通知》立足于“以引导特色产业发展为核心”，打造“宜业宜居宜游的特色小镇和特色小城镇”，从特色文化旅游上升为文化和产业的协同发展。

在特色小镇的发展上，彝人古镇经历了从商业地产到文旅特色小镇的转变，彝族文化中的火把节、彝人部落、彝乡恋歌等民族特色元素加入到小镇的建设中，在产业发展和生态、生活之间找到平衡点，形成了文旅一体的乡村格局。除文旅小镇之外，还有结合时下热门行业和话题兴起的电竞小镇、电影小镇和冰雪小镇等。

在特色小镇的投资上，主张以 PPP（Public-Private Partnership，政府和社会资本合作）模式为当前的发展指引。这种模式倡导政府和社会资本合作的融资理念，鼓励多种投资广泛参与、相互协调。在解决融资难问题的同时，也可以将小镇的特色更为多样化地呈现出来，实现文化加法到经济乘法的长足发展。特色小镇建设是推行新型城镇和贯彻乡村振兴的重要发展模式，有助于推动城乡关系由二元结构向融合发展转变，从而实现地域经济和文化发展的新变革。

随着“互联网 +”的出现和大数据时代的到来，数字经济、数字文化已成为产业升级发展的重要导向。以数字技术为引擎，依靠科技和文化的交流，为文旅融合的创新注入新动力的智慧旅游是时下旅游发展的主要趋向。“玩转故宫”小程序、秦陵博物院的 H5 小游戏等都体现了数字文化背景下的文旅发展新动向。

2018 年 10 月，云南省联合腾讯推出了“一部手机游云南”APP，运用 AR、VR 技术，“覆盖云南省 16 个州市、129 个县（市区）和所有 A 级及部分非 A 级景区、20000 多个诚信商家等旅游要素”，改变了以往的旅游体验方式。该 APP 除提供传统的地理信息和导游导览服务之外，还提供景区实时直播、旅游投诉处置、ETC+ 无感支付、一键订单、一码通行、应急救援服务等多项有益尝试，成为智慧旅游的典型代表。据统计，2018 年“十一”黄金周期间，云南共接待游客 2238.98 万人次，同比增长 19.95%，旅游收入同比增长 14.6%。

（七）生态保护措施出台，助力乡村振兴建设

生态文明建设关系人类目前的生存环境和未来的发展空间，是一个需要依靠全社会公众共同参与才能解决好的发展问题。党的十八大以来，国家高度重视生态文明建设，围绕新时代背景下的生态环境特点，提出了一系列具体可行的重要策略。2018 年 5 月习近平总书记在出席全国生态环境保护大会时指出：“生态文明建设是关系中华民族永续发展的根本大计。中华民族向来尊重自然、热爱自然，绵延 5000 多年的中华文明孕育着丰富的生态文化。生态兴则文明兴，生态衰则文明衰。”生态文明建设是一项兼具经济和文化的可持续发展战略，它需要与之相配适的理念框架和价值体系。

从非物质文化遗产的生态保护上看，2018 年 12 月 10 日，文化和旅游部发布了《国家级文化生态保护区管理办法》，要求“设立文化生态保护区，整体保护非遗及其孕育发展的人文生态环境”。这是我国遵循非物质文化遗产本真性、整体性、科学性保护原则的实践创新，也是非物质文化遗产保护的本质所在。文化生态具有文化和自然的双重特质，它是由民众创造出的人为产物，又是体现民众生境的自然存在。目前，我国共有国家级文化生态保护实验区 21 个，涉及 17 个省（市、区）。

文化生态保护区以文化为切入点，关注聚居在文化圈中的人类生活，保护文化遗产项目的同时，也保护孕育非物质文化遗产的自然、人文环境。武陵山区（鄂西）土家族苗族文化生态保护实验区自 2010 年成立以来，依托民族地区的非物质遗产文化和各级代表性传承人，在各特色村寨开展毛古斯、土家族织锦等项目的培训活动，建立传习所和大师工作室，充分发挥文化的建设性功用。以传统民族节日为文化基点，举行文娱活动，吸引众多本地人及外来观光者参与，实现非物质文化遗产与文化旅游、传统村落保护的有机结合。2018 年，武陵山区（鄂西南）土家族苗族文化生态保护实验区进一步作出统筹规划，在文化保护和乡村振兴的道路上继续迈进。

从社会治理与乡村建设上看，生态文明与地域发展密不可分。随着社会的变革和农村经济的快速发展，乡村社会正发生着巨大的变迁，乡村建设在经济和环境上面临着资源节约和绿色低碳的重大挑战。由于城镇化的发展，乡村地区的产业格局正经历着现代化转变，传统的农业生产、新迁入的工业园区及方兴未艾的文化旅游都不同程度地对乡村社会产生重大影响。产业的开发改变了乡村地域的用地规划和资源开发，也造成了一定区域的环境问题，如过度开采。如果将这一讨论回归到乡村旅游和精准扶贫的层面上，方能更好地看到社会治理的效用。特色村寨和小镇的大规模出现，衍生了与之相关的服务和房地产行业，在一些旅游热门地区，村民自建房屋兴办客栈，经营餐饮娱乐。这些变化是对乡村社会空心化、发展迟滞等问题的缓解。在这一过程中，村落传统社会的环境、经济、产业、文化都得到了重新审视，而生态文明则是秩序建立的指引和保障。

（八）语言扶贫攻坚全面推进，少数民族语言文字工作成效显著

2018 年是《国家语言文字事业“十三五”发展规划》实施的第三年。根据“十三五”规划，时任教育部副部长杜占元将 2018 年重点落实的语言文字工作概括为“一二三四”：一是全面实施“一个计划”，即推普脱贫攻坚行动计划；二是落实“两项验收”，即县域普及达标验收和学校语言文字规范化建设达标验收；三是推进“三大工程”，即中华经典诵读工程、中国语言资源保护工程和社会语言服务工程；四是“四个抓手”，即推普脱贫、普及型和研究型基地建设、经典进校园、全面督导评估。

“语言扶贫”是 2018 年的热门话题。作为脱贫攻坚的重要切入点，语言扶贫攻坚战已经全面打响，推普脱贫攻坚成为语言文字事业首要的政治任务。尤其在民族地区，推广普及普通话成为助力少数民族脱贫的重要举措。在新疆和西藏的农牧区，推普脱贫还与对口支援项目相结合。

国家通用语言文字推广普及取得重大进展。2018 年，国家通用语言文字培训测试人数持续增长。农村和少数民族普通话培训人数 93 万，比 2017 年翻一番。参加普通话水平测试的人数 791 万，同比增长近两成。汉字应用水平测试人数突破 3 万，比 2017 年增长近五成。少数民族汉语水平等级考试人数 46 万，继续保持两位数增长。[1]

少数民族语言文字信息化建设步伐加快。随着少数民族语言文字信息化建设步伐加快，种类繁多的软件已广泛应用于国家安全、司法审判、新闻广播、翻译出版、扶贫驻村、双语教学与国家通用语言文字推广等领域，为服务党和国家工作大局，满足各族人民美好生活需要，助力“中华民族一家亲同心共筑中国梦”起到了积极作用。2018 年，“彝文、壮文电子词典及辅助翻译软件”和“维汉智能翻译系统及其应用”分别荣获该年度钱伟长中文信息处理科学技术二等奖；“专用计算机民族语言应用”项目荣获国家保密局科学技术二等奖；“藏汉智能语音翻译系统”和“藏汉语音转写通”荣获中国网络社会组织联合会应用工具类优秀作品奖。

少数民族语言资源科学保护工作成效显著。2018 年，中国民族语文翻译局、相关少数民族语术语标准化工作委员会、民族自治地区语文工作机构等审定发布了蒙古、藏、维吾尔、哈萨克、朝鲜、彝、壮等少数民族语名词规范总计 6600 多条。在公共数字文化工程资源建设中，文化和旅游部新建少数民族语言文化信息视频资源 7100 多小时，累计 2.1 万多个小时。[2]

语言服务能力进一步提升。国务院总理李克强在第十三届全国人民代表大会第一次会议上所作的《政府工作报告》的蒙古、藏、维吾尔、哈萨克、朝鲜、彝、壮等 7 种少数民族文字单行本已由民族语文翻译局翻译、民族出版社出版发行。

（九）科技进步惠及民生，推动地区社会稳定发展

2018 年，民族地区科技工作深入贯彻新发展理念，在全面落实创新驱动

[1] 2018 年中国语言文字事业发展状况［EB/OL］.（2019-05-31）［2019-06-03］http://www.moe.gov.cn/s78/A19/yxs_left/moe_813/s237/201905/t20190531_384002.html.

[2] 2018 年中国语言文字事业发展状况［EB/OL］.（2019-05-31）［2019-06-03］http://www.moe.gov.cn/s78/A19/yxs_left/moe_813/s237/201905/t20190531_384002.html.

发展战略、推动民族地区社会经济发展、促进民族团结进步事业上取得一系列突破性进展，呈现出崭新的气象。一年来，民族地区通过加强顶层设计，完善政策体系，深化科技机构改革，创新科技管理，大力推动体制机制的改革、优化科技创新环境，着力推动科技成果转化，“大众创业、万众创新”快速发展，取得了突出成绩。特别是有些民族地区积极运用科技发展成果，促进民族团结进步建设，在服务社会稳定和长治久安方面取得新进展。

新疆维吾尔自治区大力实施科技维稳专项行动，成功申请科技部国家重点研发计划维稳专项，加速创新成果在安全维稳领域的研发应用，全面提升了对涉暴恐活动的预测预警和快速处置、应急救援能力，为自治区打好反恐维稳组合拳提供了坚强的科技支撑；举办新疆科普讲解大赛，科技活动周下乡入村普及科学知识 1174 次，公众参与活动人数达 42 万。❶

贵州以大数据为引领实施区域科技创新战略，科技创新高质量发展。贵州开展大数据扶贫工程，制定了科技支撑脱贫攻坚的 10 条措施，投入 2.6 亿元开展技术攻关和先进适用技术推广应用，组织 1650 名科技人员深入基层定点服务。目前，贵州的大数据系统已经深入到贫困户，做到了一户一码、一村一码、一企一码。大数据除了应用在扶贫领域，还应用在民族团结进步创建上。例如，强化社区服务功能，提升少数民族群众的归属感和认同感。从社区的服务平台，可以采集所有辖区居民的基本信息，只要进行简单的设置，就能从海量的信息中判断出少数民族群众的相关需求，如增设一些符合该民族习惯的食品店等；通过梳理家庭成员的基本情况，为少数民族群众提供点对点的精准服务，如双职工家庭的“儿童托管服务”、空巢老人的“爱心呼叫服务”等❷。

（十）与国际社会积极互动，对外宣传成效显著

近年来，一些国际社会上的反华势力对我国边疆民族地区的治理进行无

❶ 张小雷.聚焦总目标强化创新驱动发展　决胜建设创新型新疆——在 2019 年自治区科技工作会议上的报告［EB/OL］.（2019-03-02）［2019-06-03］http://www.kzinfo.com.cn/index.php?m=content&c=index&a=show&catid=38&id=3293.

❷ 程焕.贵阳白云区大山洞社区大数据精准服务“民族团结”［N］.民族时报，2018-10-16.

端指责和污蔑。为澄清事实，有效应对不实舆论指责，党中央和政府有关部门积极因应，沉着应对，取得了显著的成效。相关措施主要包括两个方面。

其一，积极参与人权审议和国际人权斗争。2019 年 8 月 10 日至 13 日，联合国消除种族歧视委员会（以下简称“委员会”）在日内瓦审议中国履行《消除一切形式种族歧视国际公约》第 14 ～ 17 期报告。中国政府代表团介绍了中国民族工作和少数民族权利保护方面所取得的新进展：我国少数民族权益得到切实保障；在民族事业不断发展的进程中，“汉族离不开少数民族、少数民族离不开汉族、各少数民族之间也相互离不开”的中华民族共同体观念日益深入人心，“铸牢中华民族共同体意识”成为新时代民族工作事业的指导思想。中国政府在边疆治理上所取得的成绩，得到了委员会的肯定。

其二，发布人权事业发展报告。2018 年 12 月 12 日，国务院新闻办发布《改革开放 40 年中国人权事业的发展进步》白皮书。白皮书对改革开放 40 年来中国人权事业进行了全方位的总结，并着重对少数民族的人权事业发展进行了介绍。报告指出，改革开放 40 年来，中国少数民族参与国家事务管理的权利得到有效保障；民族地区经济发展迅速；民族地区教育事业快速发展；少数民族使用和发展本民族语言文字的权利得到切实尊重和保障；民族地区文化遗产、文物古迹得到有效保护；少数民族宗教信仰自由获得充分保障。白皮书的发布，既是对我国人权事业发展历史的经验总结，也是对国内外社会的庄严承诺，向国际社会表明了中国政府在推动人权事业发展中的决心和信心，展现了一个负责任的政治大国应该担负的责任和使命。

二、2019 年中国少数民族事业发展的对策和建议

2018 年，各地在铸牢中华民族共同体意识这个根本方向、积极促进各民族交往交流交融、不断丰富民族团结进步创建上取得了可喜成绩。但是，由于新时代下民族工作面临的环境的复杂性，仍然存在一些问题亟待完善。我们认为，2019 年中国少数民族事业发展需要从以下几个方面着力推进。

（一）注重工作实效，全面深化民族团结进步教育创建工作

虽然各地开展了丰富多彩的民族团结进步教育宣传活动，但有些地方仍然存在教育形式较为单一，群众参与面不够广泛，宣传教育工作流于形式的问题。在新的历史条件下，深化民族团结进步教育，一方面，应该意识到民族团结重在交心、促进团结，而不是“为宣传而宣传”，或者说完成“规定动作”，因此新时代深化民族团结进步教育要从“心”走起，通过找准与社会心理的契合点、找准与民族情感的共鸣点、找准与群众利益的结合点等有效路径，对宣传内容精心设计、对宣传对象有针对性地区别对待，通过开展富有特色、能引起民族情感共鸣的活动，引导各民族群众说得了知心话、交得了真心朋友。另一方面，深化民族团结进步教育是一项系统工程，应该形成齐抓共管的整体合力和共同责任。要充分发挥国家机关在在民族团结进步教育中的主导作用，发挥学校在民族团结进步教育中的阵地作用，发挥社会力量在民族团结进步教育中的支撑作用，发挥家庭在民族团结进步教育中的基础作用。

当前，各地民族团结创建工作取得了可喜的成绩，但是与此同时也存在一些不容忽视的问题，如有的地方未结合当地实际情况，对实际影响民族团结进步的“热点”“难点”问题了解不够，创建工作缺乏针对性、创新性，还有部分地方重部署轻落实，缺乏细化创建方案，这都一定程度上影响了创建活动的实效。对此，新时代民族团结进步创建要以创新为第一动力，增强创建工作的时代性、思想性、针对性、实效性，增强创建工作规范化、精细化、常态化、长效化，推进创建工作转型升级和高质量发展。首先，要着力推进创建工作融合发展。使创建更好地融入和服务中心工作，与党和政府重大战略、重大部署、重大活动深度融合，形成全方位、立体化、多层次布局和整体推进的工作局面。其次，着力推进创建工作纵深发展。突出问题导向，解决实际问题；突出惠民导向，增强群众获得感，突出“三交”导向，增强包容性和共同性，进一步重心下沉，加强基层基础，搭建群众便于、乐于参与的平台，提高群众参与度、满意度。最后，要着力推进创建工作创新

发展。推动思路理念、内容形式、方法手段、渠道载体、体制机制等创新。进一步优化工作运行模式，注重顶层设计和统筹谋划，更加注重协调配套与系统集成，积极推动跨区域、跨部门、跨行业的共建联创和协同创建，积极打造示范线、示范带、示范群。完善示范区（单位）测评体系、考核办法和服务管理制度，推行动态管理和退出机制，建立示范区（单位）和教育基地数据库和机制化交流平台，探索建立分类别的示范区（单位）联盟。[1]

（二）继续立足民族地区优势，推动经济可持续发展

因地制宜开展脱贫攻坚。我国民族地区蕴含着丰富的自然生态资源，也承载着多彩的少数民族文化，民族地区应挖掘本地区的文化和生态资源，同时重视文化保护和传承，将扶贫工作与民族地区的发展有机结合，实现民族文化保护与传承和促进旅游扶贫同时发展，以此巩固精准扶贫成果，为最终实现民族地区建设成小康社会的发展目标提供发展思路，并完成我国到 2020 年打赢脱贫攻坚战，确保现行标准下农村贫困人口实现脱贫，消除绝对贫困的目标。

紧密结合民族地区实际，继续深入推进供给侧结构性改革。近年来的相关数据显示，民族地区产业结构的调整带动经济增长成果显著。在未来的发展中，民族地区应继续发挥比较优势，发展具有本地特色的优势产业，特别是要促进资源优势向经济优势转化。我国民族地区大多生态环境优良，绿色产业发展前景广阔，这些地方在保护生态环境的基础上大力开发旅游、生态有机产品及中草药材等高附加值产业，可以与东部地区优势互补、错位发展，成为拉动经济增长的新引擎。

（三）提升服务水平，让少数民族群众更好地融入城市[2]

当前，城市民族工作在取得成绩的同时还面临不少困难和挑战。如城市基本公共服务供给不足，少数民族群众融入城市还存在困难等问题依然存在。对此，一是要强化政策协调，搭建各民族交往交流交融的平台。持续推

[1] 李钟协. 民族团结进步创建“大理样本”的经验与启示［N］. 中国民族报，2019-05-31 .

[2] 2019 年 4 月 26 日，全国政协召开“做好新时代城市民族工作，促进各民族交往交流交融”双周协商座谈会，此部分建议参考了委员们的发言内容。

动建立互嵌式的社会结构和社区环境，各地各部门要积极探索。二是要坚持一视同仁，扩大城市公共服务覆盖面。尊重少数民族的风俗习惯，同时尽可能减少同一地区民族之间公共服务政策的差异，充分落实普惠性政策。探索公共资源供给主体多元化，在政府提供基础性支持基础上，动员社会力量共同参与、分工合作，拓宽供给渠道。三是要加强地区协作，提高进城少数民族群众就业能力。健全流入地与流出地的劳动协作关系，定期沟通流动人员的就业动向，结合产业发展需求，大力开展定向培训、订单培训，提升劳动者的技能。四是要树立法律意识，依法妥善处理涉民族因素各类矛盾。加强普法宣传和法律援助，引导各族群众自觉遵守国家法律和城市管理规定。指导各地完善跨地区、跨部门信息共享平台，利用现代技术提高服务管理效能。五是要提升服务水平，促进城市民族工作社会化。强化社区基层党组织堡垒作用，推行“党建网格”，关心帮助困难群众。通过政府购买服务、社区志愿互助等方式，在社区为少数民族流动人员提供心理疏导、法律援助、语言培训等服务。

（四）健全工作机制，提高依法治理民族事务能力

当前，民族事务治理法治化水平不断提高，但由于近年来民族工作情况越来越复杂，影响越来越大，对民族治理体系和治理能力要求也越来越高。目前，民族区域自治法的配套法规建设还不够平衡，社会主体参与民族事务治理的机制还有待完善，参与民族事务治理的途径和形式还要不断探索。对此，要在民族事务领域加强科学立法、民主立法和依法立法工作，通过持续的协商和沟通，广泛的调研和分析，力求取得更多的立法共识，从而逐步构建完备的民族事务法律体系。要统筹力量、整合资源，把涉及民族工作的政府部门统筹起来，切实加强合作，加强监督检查，坚持在法治轨道上处理涉及民族因素的问题，依法处理矛盾纠纷和舆情，更好地维护少数民族的合法权益；积极借助社会组织机构力量，创新民族事务服务管理平台，坚持重心下移、力量下沉，健全区、街道、社区三级网络，构建现代化城市民族事务治理体系。

（五）继续夯实社会保障的基石，不断提升社会保障质量

总体来看，与东部和中部地区相比，民族地区的社会保障水平还相对较低。即使在民族地区，由于地区社会经济的发展环境不同，各地区间、城市和乡镇间的社会保障水平也存在很大的差异。因此，继续推动少数民族地区的社会保障体系建设，依然任重而道远。对此，民族地区的社会保障建设在着力继续扩大“保基本面”的同时，在地方财政条件许可的地方，要不断提升民族地区社会保障的质量。民族地区享受最低生活保障的标准依然较低，特别是随着近年来物价的上涨和生活压力的不断增加，享受最低生活保障的民众的生活依然艰难。加之民族地区疾病医疗保障体系建设滞后，特别要防范因病生贫和大病致贫的发生。总之，应继续加大民族地区的医疗、健康、养老等方面的财政投入，加强政府、社会的多方合作，铸牢基本民生保障的基石，切实加强民众的基本社会保障质量，进一步完善社会保障体系。

（六）构建科学合理体系，探寻多元而优质的文化资源发展路径

回顾2018年文化产业的发展历程，部分产业仍存在动力不足、发展迟滞的问题。因此，应积极创新文化资源的发展路径。例如，PPP模式所强调的政府和社会资本合作恰恰体现了多维合作的真谛，充分利用各方的资源优势，在一定程度上减少了风险。在推动民族地区分化产业中，可探索进一步扩大PPP模式的适用范围，以解决融资难困境，唤醒文化内在活力。再如，在特色小镇的建设过程中，出现了“千镇一面”现象。特色小镇不应是名义上的特色，而是要真正展现出地方文化魅力。特色小镇文化旅游应避免模式化和形式化的经营，要深入挖掘当地文化的本真内容，聚焦优势特色文化，推动非物质文化遗产形成资源集中型和创新集约型产业，助力经济增长。同时，要引导乡村地区朝着健康、绿色、生态的方向发展，规避旅游市场白热化刺激下的建房热和客栈热。这一特色的打造同样适用于文化生态保护区的发展。

当前，文化也已经进入大数据时代，数字化服务能力全面提升。文化类官方网站、微博、微信公众号的出现，各类文化视听节目的播出，以及小程序、APP 的上线，充分展现了媒介资源整合的优势。数字化的运营方式让传统静态的文化活起来，让历史与现代对话，让民俗文化成了公共的、共享的记忆。在享受现代技术带给我们全新体验的时候，应正确处理好传统文化和“互联网 +”模式下的新型文化之间的关系，既保留传统，又发展现代，形成共生，使之成为连接一代人、两代人，甚至几代人的记忆媒介。在今后的发展中，要继续加强数字文化平台建设，推动文化创新和科技创新的深度融合。

（七）加强少数民族语言文字规范化建设，关注城市少数民族母语学习

继续推进民族地区国家通用语言文字的推广和普及。教育部副部长田学军在 2019 年全国语言文字工作会议的讲话中对推普工作给出了具体的对策建议，即“民族地区可以继续开展普通话专项培训，以‘送培下乡’‘送教上门’、农民夜校、普通话与实用技能培训相结合等方式为主，以其他各类语言文字培训向贫困地区倾斜为补充，建立多层次的培训体系。协同国务院扶贫办发起‘学前学会普通话行动’，为阻断贫困代际传递特别是为少数民族儿童顺利完成义务教育提供支持；推动实施东西部推普脱贫对口支援，鼓励东部省市支持贫困地区脱贫攻坚”。在普通话培训工作中，少数民族地区双语教师、中西部农村骨干教师的普通话培训是重点。

与此同时，鼓励各大高校、研究机构、企业等单位开发服务少数民族群众学习使用国家通用语言文字的翻译软件、应用系统，助力民族地区推普脱贫攻坚。进一步加强术语标准化工作，审定发布新词术语。加强少数民族语言文字科研工作，支持开展基础研究、应用研究和信息化关键技术研究。此外，保护少数民族语言不仅要保护民族聚居区的少数民族语言，也要考虑散居在中东部发达地区的城市少数民族学习母语的需求，为他们创造学习母语的条件，增强散居地少数民族语言的活力。地方政府应当把城市少数民族学习母语的问题纳入地方语言工作中，鼓励民间资本投资经营少数民族语言培训机构。

（八）密切跟踪国际舆论热点，积极回应国内外社会关注

如何有效应对国内外舆论，已是当前每一个国家和政府部门的重要职责。为了营造有利于我国发展的国际国内环境，一方面，应继续积极向社会宣传我国民族、边疆治理所取得的成绩，用事实驳斥国际社会上的不实言论；另一方面，要密切关注国际社会舆论的动向，及时收集相关舆论热点并加以多方研判，认真研究相关舆论热点出现的历史和现实根源与成因，并提出应对策略。这应成为有关政府部门和相关智库及其他研究机构的长期任务之一。

分报告

民族理论与民族政策的发展与实践

严　庆*

2018年是全面学习、贯彻党的十九大精神的开局之年，也是研究、宣传、落实十九大报告中关于新时代民族工作指导思想的开局之年。2018年，我国民族工作领域的重点工作主要包括三个方面：一是理论学习与传导，即结合民族工作实际，学习宣传贯彻习近平新时代中国特色社会主义思想和党的十九大精神；二是重点做好四项主要工作，即深入持久开展民族团结进步教育和创建活动、依法做好少数民族流动人口服务与管理、深化兴边富民行动、实施扶持民族地区和人口较少民族发展规划；三是办好5个主题活动，即3个现场经验交流活动（全国民族自治州、自治县全面建成小康社会和少数民族特色村镇建设现场经验交流）和两个自治区的60周年大庆活动（广西壮族自治区成立60周年大庆活动、宁夏回族自治区成立60周年大庆活动）。其中，在民族工作领域深刻学习、阐释、贯彻党的十九大精神是重点，既体现在理论层面，又体现在政策层面。

* 严庆，中央民族大学民族学与社会学学院教授。

一、在民族工作领域阐释与宣传党的十九大精神

（一）通过举办专题学习班、培训班及会议贯彻落实十九大精神

2018 年，国家民委多次组织中央民族干部学院培训，通过开设《新时代中国特色社会主义思想的伟大篇章——习近平总书记关于民族工作的重要论述》《学习贯彻十九大精神　在依法治国中加强民族工作》等课程，积极向委属干部和各级民族工作干部宣传党的十九大精神，解读十九大报告中关于新时代民族工作的指导思想。

2018 年 3 月 6 日至 7 日，全国民族宣传工作会议召开，会议要求 2018 年民族宣传文化工作要以习近平新时代中国特色社会主义思想为指导，牢固树立“四个意识”、切实增强“四个自信”、不断增进“五个认同”，围绕习近平总书记关于民族工作的新理念、新思想、新战略，精心策划宣传报道，为实现中华民族伟大复兴的中国梦凝聚磅礴力量。

2018 年 4 月，全国政协民族和宗教委员会工作培训班在中央社会主义学院举办，十三届全国政协民族和宗教委员会成员及各省、自治区、直辖市、副省级市政协民宗委负责同志约 150 人参加培训。全国政协副主席巴特尔在开班式上指出，新时代人民政协民族宗教工作要牢固树立“四个意识”，坚定“四个自信”，切实把习近平新时代中国特色社会主义思想作为一切工作的统领；要积极主动作为，扎扎实实学习并贯彻落实好习近平总书记关于人民政协和民族宗教工作的一系列新理念新思想新战略，聚焦民族宗教领域热点问题建言献策，围绕中央关于民族宗教工作重要决策部署开展民主监督和调查研究；要当好桥梁纽带，密切联系各界群众，努力为实现中华民族伟大复兴的中国梦凝聚起更广泛的力量。全国政协民族和宗教委员会主任王伟光强调，将习近平新时代中国特色社会主义思想和十九大精神作为统揽工作的总纲，牢牢把握政协民族宗教工作的政治方向，加强各方面合作与配合，加强自身建设，把政协民宗委工作不断推向前进。[1]

[1] 陶家璇.学习新知识，担当新使命——全国政协民族和宗教委员会工作培训班综述［J］.中国政协，2018（13）：12.

（二）学术界积极学习、研讨、阐释新时代民族工作指导思想

1.“中华民族”“中华民族共同体”“新时代民族工作”等概念和主题成为年度热点

2018年1月6日，“习近平中华民族思想”学术研讨会在云南大学召开。国内高校和科研机构的近40位民族学、政治学、历史学、哲学、法学、管理学、心理学领域的专家学者围绕“中华民族共同体概念”“习近平中华民族思想的内涵”“铸牢中华民族共同体意识的路径”等议题进行讨论。

2018年4月13—15日，由中国社会科学院主办，中国社会科学院民族学与人类学研究所与中国社会科学院国际合作局承办，中国民族研究团体联合会、中国民族理论学会、中国民族学学会、中国民族史学会、《民族研究》编辑部、《人类学民族学国际学刊》编辑部协办的“中华民族多元一体格局的形成与发展国际学术研讨会——纪念费孝通先生‘中华民族多元一体格局’理论发表三十周年”在北京召开。与会专家学者在缅怀费孝通先生、民族理论、民族历史、民族学与人类学等分论坛中展开深入讨论。

2018年5月8日，在马克思诞辰200周年、《共产党宣言》发表170周年之际，由国家民委研究室、中央民族大学联合举办的“经典阐释与中国实践：马克思主义民族理论与新时代民族工作”学术研讨会召开。国家民委副主任、党组成员石玉钢指出，在新时代做好民族研究工作，要坚持高举旗帜，牢固树立马克思主义在民族研究中的指导地位；要坚持面向实践，运用马克思主义立场观点方法研究民族工作中的重大现实问题；要坚持与时俱进，不断推进马克思主义民族理论中国化进程。广大民族研究学者和民族工作者，要深入学习贯彻习近平总书记关于民族工作的新理念新思想新战略，勇担时代使命，为实现“中华民族一家亲，同心共筑中国梦”作出应有贡献。

2018年9月15—16日，由教育部人文社会科学重点研究基地中央民族大学中国少数民族研究中心、中央民族大学中国民族理论与民族政策研究院及中央民族大学少数民族事业发展协同创新中心民族团结与政策研究平台联

合主办的“新时代民族理论与民族工作研习班”在中央民族大学举办。来自中南民族大学、西昌学院、长江师范学院、宁夏回族自治区社科院等 31 所高校和研究机构的近 60 名学员参加了学习和研讨。学习议题包括“当代中国的民族问题”“世界民族问题发展的新趋势”“关于铸牢中华民族共同体意识中的认同问题”“中国处理民族问题的宪法原则”“从多民族国情到新时代民族工作”等。

2018 年 11 月 9—10 日，由中央民族大学主办，中央民族大学民族学与社会学学院、中国民族政策研究会、中央民族大学“一带一路”与民族发展研究院、中央民族大学出版社共同承办的“‘中华民族共同体的形成与发展’学术研讨会暨纪念费孝通先生‘中华民族的多元一体格局’发表三十周年”在中央民族大学召开。会议认为，在新时代的民族学研究中，如何结合中华民族历史发展进程与费孝通先生“中华民族多元一体格局”的深刻内涵，把握民族工作的新方向，进而为推进铸牢中华民族共同体意识提供学理支撑，需要学界进行阐释和讨论。

2018 年 11 月 17—18 日，由中国人类学民族学研究会主办，陕西师范大学承办的“中国人类学民族学 2018 年年会——铸牢中华民族共同体意识：中国人类学民族学的使命与担当”在陕西师范大学举办。来自全国 120 多所高校和科研机构的 500 余名专家学者与会。学者周大鸣、赵旭东、施展分别作了题为《理解“中国”：民族走廊研究的历史与现实意义》《“一带一路”人类学与中华民族共同体意识》《中国历史的元叙述》的主旨演讲。[1] 年会下设 22 个会议专题，均以“铸牢中华民族共同体意识”为主线，从民族法治建设、乡村振兴战略、和谐民族关系、民族经济社会发展、民族历史文化、民族交往交流交融、民族心理与教育等多个视角进行研讨。

2. 学术研究的年度热点

从学术论文的选题来看，使用中国知网检索，从 2018 年 1 月 1 日至 12

---

[1] 王卫东. 铸牢中华民族共同体意识：中国人类学民族学的使命与担当——中国人类学民族学 2018 年年会综述［N］. 中国民族报，2018-11-30.

月14日，篇名含有“中华民族共同体”的文献有286篇（期刊论文88篇）。其中，《铸牢中华民族共同体意识建设中华民族共同体》一文的下载率为1501人次，《习近平中华民族共同体建设思想研究》一文的下载率为1396人次。篇名含有“民族团结进步”的文献173篇，其中期刊论文105篇。篇名含有“新时代民族工作”的文献73篇，其中期刊论文48篇。

“中华民族共同体”是近年来在我国意识形态宣传和学术研究中热度排前的概念之一，这与顶层关于国家建设的思想指引有关。2014年5月，习近平总书记在中央第二次新疆工作座谈会上提出“牢固树立中华民族共同体意识”；2014年9月，中央民族工作会议提出“积极培养中华民族共同体意识”；2017年，党的十九大提出“铸牢中华民族共同体意识”。对内建设中华民族共同体、对外打造人类命运共同体已成为中国共产党在新时代的重要主张，建设中华民族共同体与不断提高民族国家的凝聚力取向一致，既是多民族国家自身建设的重要内容，也是综合国力竞争的重要指标。而如何铸牢中华民族共同体意识自然成了民族学、政治学、社会学等学科高度关注的议题。

二、不断推进民族团结进步教育和民族团结进步创建活动

开展民族团结进步教育，组织各种民族团结进步创建活动是推进民族团结进步事业的两项重要政策举措，前者侧重思想认识上的引导，后者侧重综合实践。

2018年，国家民委等有关部门先后到云南省、上海市黄浦区、贵州省黔西南布依族苗族自治州等地检查指导民族团结进步创建活动。7月17—29日，为深入了解云南省贯彻落实习近平总书记关于建设民族团结进步示范区重要批示精神的相关情况，进一步推动民族团结进步创建工作，中央统战部、国家民委组成联合调研组，赴云南开展专题调研。调研组深入云南大理白族自治州、楚雄彝族自治州、昆明市、文山壮族苗族自治州、红河哈尼族彝族自治州、普洱市和临沧市等地的乡村、社区、企业、学校和口岸，与奋

战在民族团结进步创建和兴边富民一线的干部群众进行广泛交流，重点调研了民族团结进步示范区建设、兴边富民行动和扶持人口较少民族发展等方面的工作情况。

在活动创新方面，2018 年云南省大理白族自治州将 11 月 22 日州庆纪念日设立为“民族团结进步日”，并以此为契机广泛开展民族团结进步宣传教育。2018 年 11 月，该州举办了首个“民族团结进步日”系列庆祝活动。

2018 年 9 月 29 日，教育部、国家民委、共青团中央共同向全国大中专院校各族青年学生发起《“和美校园　同心筑梦”行动倡议书》[1]。倡议书呼吁，让我们携起手来，一起行动！让我们做一个热爱祖国、忠于人民的人……让我们做一个脚踏实地、知行合一的人……让我们做一个胸怀宽广、开放豁达的人，尊重差异、包容多样，在相互激励、相互帮助中健康成长，在相互了解、相互尊重中增进友情，和衷共济、和睦相处、和谐发展，各美其美、美人之美、美美与共，共同营造和美的校园，共同放飞希望与梦想，为实现中华民族伟大复兴的中国梦努力奋斗！

教育行政部门、民族事务主管部门和共青团组织联合向全国大中专院校的各族青年学生发出这样的主题性号召，尚属首次。

民族团结进步教育和民族团结进步创建活动是永恒的主题，大理州的做法和《“和美校园　同心筑梦”行动倡议书》的发布具有一定新意。各地如何立足本地实际合理合力开展活动，有关方面如何利用现代融媒体创新教育和创建形式，是深化民族团结进步教育、有效推动民族团结进步创建活动的时代要求。

三、不断加强少数民族流动人口服务与管理工作

伴随着社会流动性的加强，少数民族流动人口服务与管理工作日益成为城市民族工作的重要内容。近年来，有关部门和各地围绕这一工作内容不断发力，以命名“少数民族流动人口服务管理示范城市”为抓手，截至 2017

[1] “和美校园　同心筑梦”行动倡议书［J］. 中国民族，2018（10）：87.

年年底国家民委先后命名了三批“少数民族流动人口服务管理示范城市”，发挥示范城市的典型引领和示范效应。除此之外，国家民委通过组织召开经验交流现场会推广经验、形成共识、推进工作的形式成了提升少数民族流动人口服务与管理水平的主要做法。

2018 年 7 月 19—20 日，少数民族流动人口服务管理经验交流现场会在广州市召开。会议期间，来自广东省、辽宁省等 7 个地方民族工作部门的代表作了典型发言，与会代表进行了分组交流研讨，考察了广州市社区、市政服务中心等开展少数民族流动人口服务管理工作的情况。结合新的形势，国家民委副主任陈改户在会议上指出，党的十八大以来，全国各地民族工作部门始终坚持以习近平新时代中国特色社会主义思想为指导，坚决贯彻落实中央决策部署，谋实事，出实招，求实效，成绩斐然。少数民族流动人口服务管理工作“体系化”格局更加完善，“市民化”目标有序推进，“法治化”水平显著提高，“社会化”基础更加扎实。当前，少数民族流动人口服务管理工作形势总体良好，但也面临一些实际困难，需要我们准确分析把握，坚持不懈、开拓有为，敢于担当、善于担当。[1]会议要求各地民族事务部门要坚持以习近平新时代中国特色社会主义思想为指导，不断创新推进少数民族流动人口服务管理工作。要紧紧围绕“铸牢中华民族共同体意识”这个新时代民族工作的鲜明主线，注重统筹谋划、总体规划，调动一切可以利用的资源和力量共同推进工作；要把握政策力度和尺度，制定和实施涉及民族因素的政策措施要符合公平正义的要求；要着力解决群众实际困难，多做争取民心、凝心聚力的工作；要尽快适应城市化、网络化时代的工作环境，加快推进少数民族流动人口服务管理的信息化平台建设。

近年来，随着国家扶贫攻坚力度的加大和中西部发展规划的推出，引发人口流动的“推拉效应”降低，促使部分少数民族流动人口回乡就业创业，而留在城里的少数民族流动人口一般都具有融入城市的意愿，因而提供综合

[1] 陈改户出席少数民族流动人口服务管理经验交流现场会［EB/OL］.（2018-07-25）［2018-10-02］. http://www.seac.gov.cn/seac/xwzx/201807/1100435.shtml.

服务成了城市民族工作的重点。顺应这一趋势，体系化、市民化、法治化、社会化无疑成了加强少数民族流动人口服务与管理工作的努力方向与评价标准。

四、落实兴边富民行动新规划

2017 年 5 月 28 日，国务院办公厅发布《兴边富民行动“十三五”规划》后，《国务院办公厅关于印发兴边富民行动“十三五”规划的通知》同日下发。2018 年，各级有关部门和地方行政单位纷纷开始落实规划内容。

2018 年 10 月 17 日，全国兴边富民行动暨全国民委系统对口支援新疆西藏工作会议在新疆乌鲁木齐市召开，边境 9 省区及兵团、21 个支援省市有关负责同志参加会议。[1] 会议要求认真学习领会习近平总书记关于边疆治理的重要论述，牢牢把握铸牢中华民族共同体意识这一主线，坚持以人民为中心谋发展促发展，促进各民族交往交流交融，构筑各民族共有精神家园，深入推进新时代兴边富民行动，增强中华民族向心力、凝聚力、认同感、归属感。

2018 年 10 月 31 日，云南省政府举行新闻发布会，向社会公开发布云南省实施“兴边富民工程改善沿边群众生产生活条件三年行动计划”（简称“沿边三年行动计划”）有关情况。2018—2020 年，云南省计划投资 126.1 亿元，实施第二轮“沿边三年行动计划”，该项行动计划覆盖 9424 个自然村，惠及 235.6 万人。

2018 年 11 月 30 日，广西实施兴边富民行动新闻发布会在南宁召开，为贯彻落实《国务院办公厅关于印发兴边富民行动“十三五”规划的通知》精神，广西壮族自治区人民政府办公厅印发了《关于贯彻落实兴边富民行动“十三五”规划的实施意见》，将有关目标任务、政策措施分解落实到自治区各有关部门。广西新的兴边富民行动涵盖 3 个边境市（百色、崇左、防城

[1] 全国兴边富民行动暨全国民委系统对口支援新疆西藏工作会议召开［J］. 中国民族，2018（11）：81.

港）、8个边境县（市、区）（那坡县、靖西市、大新县、龙州县、凭祥市、宁明县、防城区、东兴市）。

“十三五”时期是我国边境地区同步全面建成小康社会的决胜阶段，边境地区的建设发展也因“一带一路”项目推进、区域协调发展深化、脱贫攻坚全面展开等因素而获得良好机遇。《兴边富民行动“十三五”规划》规定了国家有关部委的任务，也赋予了边境省区立足本地加快落实有关项目的责任。2018年是落实《兴边富民行动“十三五”规划》的第一年，也是相关具体政策落地的第一年。

五、扶持民族地区和人口较少民族发展

2018年2月，为推动《“十三五”促进民族地区和人口较少民族发展规划》顺利实施，集中帮扶发展相对滞后的人口较少民族整体率先脱贫，推进发展水平较高的人口较少民族整体率先奔小康，分批分步实现全面小康，国家发展改革委下达中央预算内投资8亿元，支持内蒙古、辽宁、吉林、黑龙江、福建、江西、广西、贵州、云南、西藏、甘肃、青海、新疆13个省区的人口较少民族聚居行政村基础设施、基本公共服务设施、生态环境保护和人居环境整治，以及民族文化传承4个领域的项目建设。2018年4月11日，财政部下发《关于下达2018年扶持人口较少民族发展专项中央基建投资预算（拨款）的通知》，专项用于扶持人口较少民族发展。

在各地落实扶持民族地区和人口较少民族发展规划和项目的同时，2018年的学术界也对人口较少民族发展议题予以关注。2018年6月15—17日，中国人类学民族学研究会人口较少民族研究专业委员会成立大会暨第一届学术研讨会在黑龙江省佳木斯大学召开。来自国家民委、中国人类学民族学研究会、中央民族大学、中国社会科学院、中国音乐学院等40余所学术团体、高等院校和研究机构160余位专家学者及人口较少民族非物质文化遗产传承人、人口较少民族聚居的13个省区的民委领导齐聚佳木斯大学，研讨贯彻落实党的十九大精神，决胜人口较少民族地区全面建成小康社会，铸牢中华

民族共同体意识大计。

2018 年 11 月 30 日，由中央民族大学民族学与社会学学院举办的“中国人口较少民族经济发展与社会文化生态”学术研讨会在北京召开。与会专家学者围绕不同区域类型人口较少民族发展之异同、新时代人口较少民族面临的发展机遇与挑战、扶贫攻坚与人口较少民族发展道路、乡村振兴与人口较少民族的村落社会生态、人口较少民族传统文化的保护、传承与创新等议题展开深入探讨。

整体来看，不断推进民族团结进步教育和民族团结进步创建活动是多民族国家建设中常抓不懈的主题，事关民族关系和谐和社会和谐稳定；少数民族流动人口服务与管理工作是与我国区域非均衡发展、国家推进城镇化建设的整体背景密切相关的；兴边富民行动规划关系到边疆兴盛、边民福祉，关系国家边防稳固大计；扶持民族地区和人口较少民族发展是实现各民族同步小康、全面小康的针对性举措，是实现各民族共同团结奋斗、共同繁荣发展民族工作主题的具体要求。可以说，以上四项具体工作是我国民族工作领域中的重点工作，也是今后一个时段的需要重点研究和关注的议题。

六、组织开展好四项活动

2015 年 7 月 20 日，全国民族自治州全面建成小康社会经验交流现场会在延吉召开，这是第一届经验交流现场会。2016 年 9 月 12—13 日，第二届全国民族自治州全面建成小康社会经验交流现场会在恩施州召开。2017 年 7 月 16 日，第三届全国民族自治州全面建成小康社会经验交流现场会在德令哈隆重召开。

（一）全国民族自治县全面建成小康社会经验交流现场会

2018 年 5 月 27—28 日，全国民族自治县全面建成小康社会经验交流现场会在浙江省景宁畲族自治县召开。全国政协副主席、国家民委主任巴特尔出席会议并讲话。这是继召开三届全国民族自治州全面建成小康社会经验交流现场会之后，召开的第一次全国民族自治县全面建成小康社会经验交流现场会。会议由国家民委主办，全国 120 个自治县（旗）的负责同志参加会议，并围绕“打赢脱贫攻坚战、全面建成小康社会”进行研讨。会议指出，切实用习近平总书记关于民族地区发展的新理念新思想新战略武装头脑，走出一条具有中国特色、自治县特点的新时代发展之路。会议认为，民族自治县谋发展促发展要遵循县域发展的一般规律，更要体现出民族地区发展的特殊规律。

2018 年 10 月 17 日，国务院扶贫办宣布 85 个贫困县脱贫摘帽（河北省 11 个、贵州省 14 个、云南省 15 个、西藏自治区 25 个、陕西省 4 个、甘肃省 6 个、青海省 7 个、宁夏回族自治区 1 个、新疆维吾尔自治区 2 个），其中民族自治县有 7 个。[1]

2018 年 11 月 28 日，武陵山片区区域发展与扶贫攻坚试点联系工作领导小组全体会议在贵州铜仁召开。国家民委党组副书记、副主任刘慧出席会议并讲话，国家民委副主任陈改户主持会议。刘慧同志强调，要深入学习习近平总书记关于扶贫工作的重要论述，贯彻落实中央《关于打赢脱贫攻坚战三年行动的指导意见》，聚焦深度贫困地区和特殊贫困群体，把提高脱贫质量放在首位，统筹衔接脱贫攻坚与乡村振兴，着力改善片区发展环境，把三年办实事清单真正转化为行动，推动武陵山片区实现如期脱贫和同步小康。会议指出，党的十八大以来，武陵山片区步入了前所未有的快速发展期，基础设施建设突飞猛进，生态环境持续改善，社会事业明显进步，民族团结模范区建设深入推进，脱贫攻坚取得决定性进展。据统计，2011—2017 年，片区贫困人口从 793 万减少到 188 万，贫困发生率从 26.3% 降至 6.4%，年均减贫 101 万人，减贫率 21.3%；12 个贫困县已经脱贫摘帽；农村居民人均可支配收入从 4561 元增长到 9384 元。武陵山片区脱贫攻坚，适应了集中连片特殊困难的实际，把握住了“精准扶贫”的要义，凝聚起了省部联动、地方协作、群众参与的合力，实现了脱贫攻坚与区域经济发展、生态文明建设、民族团结进步的多赢，是我国减贫事业的一个缩影，是中国式减贫方案的一个典型。

[1] 赵永平，常钦. 又有 85 个贫困县脱贫摘帽 [N]. 人民日报，2018-10-17.

会议还强调，中央出台的打赢脱贫攻坚战三年行动的指导意见，为推进武陵山片区精准扶贫精准脱贫指明了方向。各方面要牢牢把握中央最新决策部署，以习近平总书记关于扶贫工作的重要论述为指引，省部联动、跨省协作、因地制宜、多管齐下，加强组织领导，完善创新工作机制，加强政策统筹和倾斜支持，推动片区加快基础设施建设，加大产业扶贫力度，完善公共服务体系，着力改善发展环境，为武陵山片区如期打赢脱贫攻坚战作出应有贡献。[1]

（二）少数民族特色村镇建设现场经验交流活动

自 2009 年国家民委、财政部联合开展了少数民族特色村寨保护与发展试点工作以来，国家民委于 2013 年、2017 年颁布了两批“中国少数民族特色村寨”名单，共计 1057 个，直接受益人口近百万人，在地域分布上覆盖了大多数民族地区。近年来，全国各地纷纷以召开少数民族特色村镇建设现场经验交流会的方式推动当地的特色村镇建设工作，2018 年一些地方继续组织少数民族特色村镇建设现场经验交流活动。例如，2018 年 4 月 19 日，湖南省少数民族特色村镇工作经验交流暨少数民族传统手工艺品展演展示会在怀化市靖州召开。6 月至 7 月，第四届湖南最美少数民族特色村镇评选活动顺利进行。2018 年 6 月，环京津少数民族特色村镇现场观摩会在唐山市举办。2018 年 12 月 5—7 日，广东省少数民族特色村镇建设工作现场交流会暨少数民族发展资金管理培训班在连南瑶族自治县举行。

在国家层面，国家民委将少数民族特色村镇建设与助推精准脱贫工作结合起来，于 2018 年 11 月 29 日在湖南湘西组织召开了少数民族特色村镇建设助推精准脱贫现场会。会议要求把少数民族特色村镇保护发展工作与乡村振兴战略相融合、与打赢脱贫攻坚战相契合、与生态文明建设相结合，有效带动贫困人口脱贫增收，助力民族地区同全国一道实现全面小康目标。

（三）宁夏回族自治区成立 60 周年大庆活动

2018 年 9 月 20 日，宁夏回族自治区成立 60 周年庆祝大会在贺兰山体育场隆重举行。中共中央政治局常委、全国政协主席、中央代表团团长汪洋出

---

[1] 资料来源于国家民委网站。

席庆祝大会并讲话。习近平总书记为宁夏回族自治区成立 60 周年题词“建设美丽新宁夏、共圆伟大中国梦”。

（四）广西壮族自治区成立 60 周年大庆活动

2018 年 12 月 10 日，广西壮族自治区成立 60 周年大会在广西南宁举行。中共中央政治局常委、全国政协主席汪洋率领中央代表团出席庆祝大会。中共中央、全国人大常委会、国务院、全国政协、中央军委发来贺电。习近平总书记为广西壮族自治区成立 60 周年题词“建设壮美广西、共圆复兴梦想”。为了庆祝自治区成立 60 周年，广西推出了“八个一”重大活动，包括召开一个庆祝大会、举办一个成就展、举办一场文艺晚会、开展一系列的宣传活动、开展一系列文化体育活动、开展一系列慰问活动、召开一次表彰大会，以及办好一批民生实事项目。

七、其他工作

（一）首次组织“民族地区精准脱贫”参观团

根据《关于支持深度贫困地区脱贫攻坚的实施意见》和《关于支持“三区三州”加快建设小康社会进程若干意见》的精神，2018 年 1 月 10 日，国家民委组织的民族地区精准脱贫参观团在河南省郑州市组团，成员由四川省凉山彝族自治州、云南省怒江傈僳族自治州、甘肃省临夏回族自治州尚未脱贫县和国家民委定点帮扶的广西德保县、内蒙古巴林右旗、江西乐安县及国家民委主任联系点黑龙江同江市分管扶贫工作的县级领导和乡镇主要负责人组成，共 57 人。参观团赴河南、贵州两省参观了脱贫摘帽的“国贫县”，考察乡村振兴发展、生态文明建设、文化产业发展和民族工作等方面的情况。打赢脱贫攻坚战，民族地区是重点、难点和短板，凉山、怒江、临夏等深度贫困地区更是决胜全面小康的重中之重。可以说，以“民族地区精准脱贫”为主题组织参观团尚属首次。

（二）召开全国民族经济工作暨民族地区经济形势分析现场会

2018 年 4 月 3 日，全国民族经济工作暨民族地区经济形势分析现场会在浙江省桐庐县召开。会议指出，2017年民族八省区实现生产总值84899亿元，同比增长7.6%；全社会固定资产投资总额88730亿元，增长11.8%；城镇、农村常住居民人均可支配收入分别达31553元、10442元，分别增长8.4%和9.2%；贫困人口从2016年的1411万人减少到1032万人，经济发展实现量质齐升。同时，会议要求深入学习习近平总书记关于民族工作的新理念新思想新战略，提高政治站位和思想自觉；准确把握当前民族地区发展新形势，增强责任感和主动性；牢牢把握民委经济工作的正确方向，找准角色定位；创新推进民委经济工作，做大做强抓手平台；强化民委经济工作能力建设，抓好基础长远和根本。

（三）“实现中华民族伟大复兴”写入宪法

2018年3月11日，十三届全国人大一次会议第三次全体会议表决通过《中华人民共和国宪法修正案》，将“实现中华民族伟大复兴”作为宪法任务和国家目标写入宪法，具有里程碑式的意义。

《中华人民共和国宪法修正案》将宪法序言第十一自然段中“平等、团结、互助的社会主义民族关系已经确立，并将继续加强”修改为“平等、团结、互助、和谐的社会主义民族关系已经确立，并将继续加强”。与此相适应，将宪法第一章《总纲》第四条第一款中“国家保障各少数民族的合法权利和利益，维护和发展各民族的平等、团结、互助关系”修改为“国家保障各少数民族的合法权利和利益，维护和发展各民族的平等团结互助和谐关系”。至此，自2005年以来在民族领域形成广泛共识的关于社会主义和谐民族关系的理念，上升到了宪法高度。“中华民族”“和谐”载入宪法，具有标识性价值，对于促进各民族交往交流交融、铸牢中华民族共同体意识具有重要意义。

（四）中国代表团向联合国相关组织介绍民族工作和少数民族权利保护的新进展

2018年8月10—13日，联合国消除种族歧视委员会在日内瓦审议中国履行《消除一切形式种族歧视国际公约》第14～17期报告。由外交部、民政部、教育部、公安部、司法部、人力资源和社会保障部等政府部门及其他机构代表团的代表组成的中国代表团参会。中国代表团团长、常驻联合国日内瓦办事处和瑞士其他国际组织代表俞建华向委员会介绍了中国民族工作和少数民族权利保护方面的新进展。

俞建华在发言中指出，自“消除种族歧视委员会”在2009年对中国执行公约的情况进行审查以来，中国取得了巨大进展，进入了发展的新阶段。近年来，“汉族离不开少数民族、少数民族离不开汉族、各少数民族之间也相互离不开”的中华民族共同体观念日益深入人心，“铸牢中华民族共同体意识”成为新时代民族事业的指导思想。2018年3月通过的《中华人民共和国宪法修正案》，将“维护和发展各民族的平等、团结、互助关系”修改为“维护和发展各民族的平等团结互助和谐关系”；这更加全面准确地反映了中国民族政策的根本特征，即最根本的就是要始终不渝地坚持民族平等，加强民族团结，推动民族互助，促进民族和谐，让各民族在中华民族这一大家庭中共同团结奋斗、共同繁荣发展，共同实现中华民族伟大复兴的中国梦。

俞建华着重介绍了民族地区在法治、经济、社会、文化和生态保护各领域采取的举措和取得的成就。自2012年以来，中国大力推行基于法律的治理，以保护所有民族群体的合法权益，并通过了20多项法律和行政条例，规定禁止民族歧视或仇恨，促进民族平等。民族自治地区颁布或修订了20多项自治条例，进一步完善了民族事务的法律框架。近年来，政府为弥合民族地区和其他地区之间的发展差距做出了巨大努力。2016—2020年第十三个经济和社会发展五年计划包括了关于促进民族地区健康发展及边境地区发展和开放的章节。2017年，5个自治区——内蒙古、广西、西藏、宁夏和新疆，以及3个多民族省份——贵州、云南和青海——经济取得了显著进步，人民生活水平继续提高。贫困人口从2012年的3100万下降到1000万，贫困率从34%下降到6%。在经济增长的前提下，健康、教育、文化和生态保护方案也取得了进展，政府仍然致力于保护和促进少数民族的文化……中国

正处于消除贫困的关键阶段，需要进一步解决生计、健康、教育、保护环境及改善民族自治的法律框架。❶

作为《消除一切形式种族歧视国际公约》的缔约国，我国政府有责任也有义务向世界发声，介绍我国在促进各民族团结发展方面取得的成绩，也有必要向世人展示中国促进民族团结进步事业发展的中国价值、中国特色和中国道路。与此同时，一些境外势力始终对我国的民族工作抱有成见，这既需要我们扎扎实实做好自己的工作，也需要向世界讲好中国故事。

（五）《关于加强新时代少数民族医药工作的若干意见》正式印发

2018 年 8 月 23 日，由国家中医药管理局、国家民委等 13 个部门联合制定的《关于加强新时代少数民族医药工作的若干意见》正式印发，明确了支持少数民族医药工作发展的重点领域和政策举措。这是自 2007 年《关于切实加强民族医药事业发展的指导意见》印发后，多个部门再次共同支持和推进少数民族医药工作迈上新台阶。该意见提出，到 2030 年，在民族地区建立较为完善的少数民族医药健康服务网络，提高少数民族医药健康服务能力，少数民族医药人才培养体系得到完善，全面传承保护少数民族医药并加强国际交流与合作。

该意见明确了少数民族医药发展的重点工作：一是切实提高少数民族医药医疗服务能力；二是大力发展少数民族医药养生保健服务；三是切实加强少数民族医药人才队伍建设；四是扎实推进少数民族医药传承与创新；五是推动少数民族医药产业发展；六是大力弘扬少数民族医药文化；七是积极推动少数民族医药海外发展。

中医药是包括汉族和少数民族医药在内的我国各民族医药的统称，综合反映了我国各民族对生命、健康和疾病的认识，既是民族传统文化的积淀和延续，也是强身治病的技艺传承。我国 55 个少数民族中有 35 个少数民族发掘整理了本民族医学资料。

---

❶ 李茂奇. 联合国消除种族歧视委员会审查中国履行《公约》情况 – 新疆问题成辩论焦点［EB/OL］.（2018–08–15）［2018–10–02］. https://news.un.org/zh/story/2018/08/1015602.

（六）《新疆的文化保护与发展》白皮书发布

2018 年 11 月 15 日，国务院新闻办发表《新疆的文化保护与发展》白皮书。除了前言和结束语，白皮书的主体由六个部分组成，即新疆各民族文化是中华文化的组成部分、各民族语言文字广泛使用、宗教文化受到尊重和保护、文化遗产保护和传承取得成就、文化事业和文化产业不断发展、对外文化交流日趋活跃。

白皮书从历时的视角回顾了新疆文化是各民族在长期的历史过程形成的，各民族文化既各具特点又相互交流交融，既具有地域特色，又蕴含中华文化内涵。白皮书向世人宣示，中华人民共和国成立后，中国政府高度重视新疆各民族优秀传统文化，并出台相关政策挖掘、传承与保护各民族优秀传统文化，结合时代特点和各民族文化需求，坚持创造性转化、创新性发展，鼓励各民族相互学习语言文字，尊重各民族宗教信仰自由，推动文化事业和文化产业发展，推进各民族文化现代化，加强文化交流，并在不同文化交流互鉴中增强文化自信。

（七）《改革开放 40 年中国人权事业的发展进步》白皮书发表

2018 年 12 月 12 日，国务院新闻办发表《改革开放 40 年中国人权事业的发展进步》白皮书，其从政治、经济、社会事业及宗教信仰等方面阐述了中国少数民族权益保障情况。在“显著改善特定群体权利”部分，白皮书指出，改革开放 40 年来，中国不断完善相关权利保障机制，采取有针对性的措施，为特定群体创造了实现自我发展和人生价值的机会，切实保障少数民族、妇女、儿童、老年人和残疾人的合法权益。此外，白皮书指出，中国少数民族参与国家事务管理的权利也得到有效保障；民族地区经济快速发展；民族地区教育事业快速发展；少数民族使用和发展本民族语言文字的权利得到切实尊重和保障；民族地区文化遗产、文物古迹得到有效保护；少数民族宗教信仰自由获得充分保障。

民族地区精准扶贫进程报告

杨秀明 *

摆脱贫困是实现中华民族复兴梦想的现实基础。由于特殊的历史地理原因，中国民族地区经济发展与中东部地区相比长期处于滞后状态。中华人民共和国成立后，人民生活条件得到极大改善，民族地区经济快速发展。尤其在我国实行改革开放政策后，系列的减贫政策加快了少数民族地区的脱贫步伐。2013 年以来，精准扶贫成为加快民族地区同步全面实现小康的主要抓手。目前，我国正处于 2020 年全面建成小康社会的决胜期，民族地区经济的平衡发展成为实现这一目标的重中之重。2018 年是全面贯彻落实党的十九大精神的第一年，是打好脱贫攻坚战的关键一年，也是扶贫领域作风建设年。全面建成小康社会已经进入啃硬骨头的关键时期，民族地区经济发展机遇与挑战并存，扶贫工作亟待从注重减贫进度向更加注重脱贫质量转变。

一、精准扶贫研究现状概述

2013 年，习近平总书记在湘西考察时首次提出精准扶

* 杨秀明，北京舞蹈学院民族舞蹈文化研究基地讲师，中央民族大学中国少数民族经济专业出站博士后。

贫理念，指出扶贫工作应做到“实事求是、因地制宜、分类指导、精准扶贫”。精准扶贫是指针对真正贫困的家庭和人口进行帮扶，彻底消除引发贫困的全部因素，最终实现贫困人口的可持续脱贫。❶在经济新常态背景下，精准扶贫是扶贫资源优化配置与发展质量提升的需要，也是全面建成小康社会的关键环节。

精准扶贫理念的提出源于当前中国反贫困面临的新困难和新挑战。1986年，中国政府开始实施大规模开发式扶贫战略，后在20世纪90年代实施“国家八七扶贫攻坚计划”，极大地推动了中国反贫困事业。然而进入21世纪以来，中国减贫速度明显趋缓，2003年年底农村绝对贫困人口为2900万，比2002年增加了80万，贫困发生率上升0.1个百分点。❷叶初升、许源源等指出，中国扶贫瞄准存在严重的漏瞄和溢出现象❸，部分扶贫资金和资源未能瞄准贫困地区和贫困人口的需要❹。许汉泽、李小云指出，产业扶贫背后隐藏着扶贫济困的社会道德逻辑与产业发展的市场化逻辑的矛盾。❺李小云等通过对62个扶贫重点村的实地调查，对中国政府财政扶贫资金投入的目标瞄准与偏离情况进行了详细分析。❻方劲、邢成举等指出，中国扶贫已陷入“内卷化”的总体性困局，即虽然扶贫资源总量持续增长，农村扶贫工作逐渐精细化，但是由“救济式”扶贫向“开发式”扶贫的转型目标却一直难以实现❼。刘冬梅指出，随着中国贫困人口的不断减少，扶贫标准偏差越来越大，20世纪开始的大规模区域开发式扶贫必须不断提高反贫困目标瞄准率。❽考虑到目前扶贫瞄准存在的现实问题，提高扶贫的精准化程度成为中国扶贫开发工作的根本出路。

❶ 汪三贵，郭子豪. 论中国的精准扶贫［J］. 贵州社会科学，2015（5）.

❷ 国家统计局. 中华人民共和国2003年国民经济和社会发展统计公报［R/OL］.（2004-02-26）［2019-05-04］. http://www.stats.gov.cn/statsinfo/auto2074/201310/t20131031_450861.html.

❸ 叶初升，邹欣. 扶贫瞄准的绩效评估与机制设计［J］. 华中农业大学学报（社会科学版），2012（1）.

❹ 许源源. 中国农村扶贫瞄准问题研究［D］. 广州：中山大学，2006.

❺ 许汉泽，李小云. 精准扶贫背景下农村产业扶贫的实践困境——对华北李村产业扶贫项目的考察［J］. 西北农林科技大学学报（社会科学版），2017（1）.

❻ 李小云，等. 中国财政扶贫资金的瞄准与偏离［M］. 北京：社会科学文献出版社，2006：107.

❼ 方劲. 中国农村扶贫工作“内卷化”困境及其治理［J］. 社会建设，2014（2）.

❽ 刘冬梅. 对中国二十一世纪反贫困目标瞄准机制的思考［J］. 农业技术经济，2001（5）.

近年来，精准扶贫问题日益受到学界关注，先后有学者围绕中国精准扶贫的概念内涵、阶段特征、存在问题、对策与路径等问题进行深入研究。[1]由于中国国土面积辽阔，生态地理条件多样，贫困地区的社会历史背景各异，因此扶贫开发工作必须因地制宜、实事求是。姜德华[2]、周侃[3]、刘彦随[4]等提出按类型划分中国贫困地区、分类开发的观点。值得注意的是，当前我国的贫困分布逐渐由区域性过渡为个体性，贫困人口不断向地理环境较为恶劣或偏远的地区集中，包括革命老区、少数民族地区和边境县地区在内的特殊类型贫困地区成为扶贫攻坚的主战场。[5]较之其他贫困地区，少数民族地区受限于当地特殊的历史、地理背景，表现出外出务工比例低、受教育水平低等特征，贫困人口比重较高、贫困程度较深[6]，可见，对民族地区精准扶贫的特殊性研究具有突出的现实意义。

学界对少数民族地区精准扶贫的讨论聚焦于提高扶贫精准度、特色产业扶贫和发挥主体性等问题。高志刚[7]、孙林[8]、沈茂英[9]和李辉[10]等分别结合新

[1] 参见汪三贵，曾小溪.从区域扶贫开发到精准扶贫——改革开放40年中国扶贫政策的演进及脱贫攻坚的难点和对策［J］.农业经济问题，2018（8）；黄承伟.我国农村贫困治理体系演进与精准扶贫［J］.开发研究，2015（2）；葛志军，邢成举.精准扶贫：内涵、实践困境及其原因阐释［J］.贵州社会科学，2015（5）；吴雄周，丁建军.精准扶贫：单维瞄准向多维瞄准的嬗变［J］.湖南社会科学，2015（6）；左停，杨雨鑫，钟玲.精准扶贫：技术靶向、理论解析和现实挑战［J］.贵州社会科学，2015（5）；邓维杰.精准扶贫的难点、对策与路径选择［J］.农村经济，2014（6）；李俊杰，耿新.民族地区深度贫困现状及治理路径研究——以"三区三州"为例［J］.民族研究，2018（1）。

[2] 姜德华，张耀光，杨柳，等.中国贫困地区类型划分及开发研究提要报告［J］.地理研究，1988（3）.

[3] 周侃，王传胜.中国贫困地区时空格局与差别化脱贫政策研究［J］.中国科学院院刊，2016（1）.

[4] 刘彦随，周扬，刘继来.中国农村贫困化地域分异特征及其精准扶贫策略［J］.中国科学院院刊，2016（3）.

[5] 王瑜，汪三贵.特殊类型贫困地区农户的贫困决定与收入增长［J］.贵州社会科学，2016（5）.

[6] 王瑜，汪三贵.农村贫困人口的聚类与减贫对策分析［J］.中国农业大学学报（社会科学版），2015（2）.

[7] 高志刚.西北少数民族地区区域经济差异与协调发展——以新疆为例［J］.南开学报（哲学社会科学版），2016（3）.

[8] 孙林，王艳慧，柯文俊，等.内蒙古自治区农村人口多为贫困特征测算与分析［J］.人文地理，2016（1）.

[9] 沈茂英.四川藏区精准扶贫面临的多维约束与化解策略［J］.农村经济，2015（6）.

[10] 李辉.少数民族集中连片特困地区扶贫攻坚模式探讨——遵义市武陵山片区扶贫攻坚情况研究［J］.西北民族大学学报（哲学社会科学版），2015（4）.

疆、内蒙古、四川藏区和武陵山片区等少数民族集中地区具体情况，探讨当地精准扶贫面临的困难。杨浩等通过对民族地区精准脱贫进行评价，指出民族地区基础设施条件薄弱，需要重点强化产业扶贫投入力度，培育绿色生态产业[1]。舒小林[2]、马楠[3]、孙光慧[4]从民族旅游、中药材开发和金融服务等方面分析民族地区特色产业精准扶贫和精准脱贫的路径方法。郑瑞强等认为，民族地区脱贫攻坚工作已经进入“注重贫困退出与强化减贫成效维持与增进”的巩固提升阶段，必须准确把握这一阶段特征并提出民族地区精准扶贫治理优化策略[5]。伴随中国社会对扶贫精准度的关注，民族地区脱贫主体的重要性日益凸显。刘七军等指出，瞄准关键少数，提升贫困农户自我发展能力是实现民族地区精准扶贫的有效举措[6]。郑万军提出了由项目扶贫向培育脱贫主体转变的观点[7]。王建民将少数民族扶贫工作与少数民族文化资源的利用联系起来，认为应该重视文化建设过程中的少数民族主体性，树立少数民族文化自信[8]。

通过文献梳理可以看出，目前学界对精准扶贫问题日益关注。在全面建成小康社会的关键阶段，民族地区贫困问题成为突出短板。针对民族地区精准扶贫进程及其特殊性研究尚有深入探讨的空间。

---

❶ 杨浩，汪三贵，池文强. 少数民族地区精准脱贫进程评价及对策研究［J］. 贵州民族研究，2016（7）.

❷ 舒小林. 新时期民族地区旅游引领产业群精准扶贫机制与政策研究［J］. 西南民族大学学报（人文社科版），2016（8）.

❸ 马楠. 民族地区特色产业精准扶贫研究——以中药材开发产业为例［J］. 中南民族大学学报（人文社会科学版），2016（1）.

❹ 孙光慧. 民族地区金融服务与特色产业精准扶贫耦合模式探索［J］. 西北民族大学学报（哲学社会科学版），2016（3）.

❺ 郑瑞强，曹国庆. 巩固提升阶段民族地区精准扶贫关键问题与治理策略研究［J］. 云南民族大学学报（哲学社会科学版），2018（2）.

❻ 刘七军，李韶楠. 精准扶贫视角下连片特困区贫困农户自我发展能力提升研究［J］. 北方民族大学学报（哲学社会科学版），2016（4）.

❼ 郑万军. 农村人口空心化下民族地区精准扶贫：项目扶贫 VS 主体培育［J］. 青海社会科学，2016（3）.

❽ 王建民. 扶贫开发与少数民族文化——以少数民族主体性讨论为核心［J］. 民族研究，2012（3）.

二、2017—2018年民族地区精准脱贫情况

2017—2018年，在国家各部门和社会各界的大力支持下，民族地区紧紧围绕全面建设小康社会战略目标，统筹做好稳增长、促改革、调结构、惠民生、防风险等各项工作。精准扶贫理念提出以来，民族地区聚焦深度贫困地区贫困人口，根据不同发展条件和致贫根源，不仅出台了若干针对性政策，同时通过强化组织领导、加大扶贫投入、集中深度贫困地区、推动落实力度和汇聚社会力量等多种手段确保扶贫开发政策的落地实施及扶贫成果的共享。2018年，民族八省区地区生产总值突破9万亿元，同比增长7.2%；农村居民人均可支配收入1.1万元，名义增长9.4%，增速快于全国0.6个百分点。脱贫攻坚取得重大突破，贫困人口从2017年的1032万减少到603万，贫困发生率下降到4.0%。[1]在宏观环境严峻复杂、经济下行压力较大的情况下，民族地区经济全面发展，贫困人口大幅减少，人民生活水平显著提高。

（一）2017—2018年民族地区基本经济情况

2017—2018年，我国民族地区经济社会全面发展，发展速度超过全国水平，与全国差距不断缩小。如表1所示，截至2017年年底，民族八省区常住人口达1.9857亿，占全国总人口比例为14.3%。民族八省区2017年年底城镇化率为49.8%，比2016年提高了1.4个百分点，但与全国58.5%的城镇化率相比，民族地区仍低8.7个百分点。2017年，民族八省区地区生产总值达到8.4899万亿元，占当年全国国民生产总值的10.3%，比2016年占全国比例略微下降了0.4个百分点。按可比价格，民族八省区2017年经济增长7.2%。2011—2017年民族八省区地区生产总值年均增速达9.8%，比同期全国国内生产总值7.5%的年均增速高2.3个百分点。

2017年，民族八省区三次产业结构为13.2∶41.3∶45.5，与2016年相比，

---

[1] 中华人民共和国民族事务委员会经济发展司. 2019年全国民族经济工作暨民族地区经济形势分析现场会在湖北恩施州召开［EB/OL］.（2019-04-17）［2019-05-04］. http://www.seac.gov.cn/seac/xwzx/201904/1133164.shtml.

第一产业和第二产业比重下降，第三产业比重上升，并略微超过第二产业，整体处于工业化中期阶段。2017年，全国三次产业结构为7.9∶40.5∶51.6，第一产业比重低，第三产业比重明显超过第二产业，处于工业化后期阶段。从产业结构上看，民族地区工业化进程持续推进，但整体工业化水平距离全国仍有一定差距。

表1　民族八省区基本经济情况及与全国比较

指标	2010年	2011年	2012年	2013年	2014年	2015年	2016年	2017年
民族八省区常住人口数（亿）	1.8984	1.8946	1.9076	1.9214	1.9342	1.9519	1.9681	1.9857
占全国人口比例（%）	14.1	14.1	14.1	14.1	14.1	14.2	14.2	14.3
民族八省区城镇人口比例（%）	40.1	41.6	43.1	44.3	45.7	47.0	48.4	49.8
全国城镇人口比例（%）	50.0	51.3	52.6	53.7	54.8	56.1	57.4	58.5
民族八省区地区生产总值（万亿元）	4.2053	5.1664	5.8519	6.5245	7.0774	7.4736	7.9972	8.4899
占全国GDP比例（%）	10.3	10.7	11.0	11.1	11.1	11.0	10.7	10.3
民族八省区第一产业比重（%）	14.0	13.4	13.4	13.4	13.2	13.4	13.4	13.2
民族八省区第二产业比重（%）	47.6	48.4	47.4	46.6	45.9	44.2	43.1	41.3
民族八省区第三产业比重（%）	38.5	38.1	39.3	40.0	40.9	42.4	43.5	45.5

注：2010—2016年数据来源于历年《中国统计年鉴》，2017年数据来源于《中国统计摘要2018》。

2017年，民族八省区全社会固定资产投资总额达9.06万亿元，占全国固定资产投资总额的14.1%；地方财政公共预算收入为0.9万亿元，占全国地方财政公共预算总收入的10%；全社会消费品零售额达3.09万亿元，占全国消费品零售总额的比例为8.4%。2011—2017年，民族八省区的全社会固定资产投资总额、地方财政公共预算收入、全社会消费品零售额三项经济指标的年平均增速均明显超过全国平均增速。

（二）2017—2018年民族地区精准脱贫取得的新成就

2017—2018年，民族地区努力践行习近平总书记提出的“全面建成小康社会，一个民族都不能少，一个都不能掉队”的重要思想，民族经济持续快速发展，经济实力进一步提升，基础设施明显改善，社会事业不断进步，群众收入水平稳步提高，精准扶贫取得显著成效，为促进民族团结和边疆稳定发挥了重要作用。

1. 基础设施建设夯实全面小康建设基石

水利基础设施建设相对滞后是云南省少数民族和民族地区发展的短板之一。2018 年，云南省水利厅等部门牵头大力支持少数民族和民族地区水利基础设施建设。2018 年，少数民族和民族地区共开工建设 40 件重点水网工程，实施 8 个续建大型灌区、1 个重点中型灌区、178 座小型病险水库除险加固、55 个水土保持、57 个河道治理等水利工程建设，新增和改善灌溉面积 120 万亩，发展高效节水灌溉面积 66 万亩，完成农业水价综合改革面积 246 万亩，完成 356.26 万农村人口饮水安全巩固提升任务。水利条件的改善为云南民族地区与全省同步建成小康社会打下坚实基础。[1]

中国农业发展银行青海省分行 2017 年共投资 143 亿元助力青海省贫困地区基础设施建设。截至 2017 年年末，农发行青海省分行累计支持全省 42 个贫困县农村公路扶贫项目 31 个，打通农村牧区道路交通总里程 16.14 万公里，惠及农牧民 280.47 万人，有效改善了农牧区生产生活条件，解决了农牧民“出行难”问题，促进了青海农村公路的通达通畅。近年来，农发行青海省分行不断提升政策性金融服务脱贫攻坚的精准度和有效性，以实际行动助推贫困地区基础设施建设。2017 年全年累计投放中长期贷款 143 亿元，支持青海省贫困地区基础设施建设项目 54 个，涉及农村交通、水利建设、改善人居环境、棚户区改造、城乡一体化等领域。2017 年以来，农发行青海省分行抓住青海省实施“畅通工程”的机遇，及时对接公路建设项目，创新采取省级统贷统还的支持模式，全力服务青海贫困地区道路建设“最后一公里”。

[1] 云南省民族宗教事务委员会经济处. 2018 年云南民族自治地方水利基础设施建设成效显著［EB/OL］.（2019-02-18）［2019-05-04］. http://www.ynethnic.gov.cn/gzdt/gzdt/201902/t20190218_61672.html.

2. 产业结构优化推动民族地区经济高质量发展

数字广西是新时代广西信息化发展的新形态新模式。广西高度重视信息化建设，近年来深入实施宽带广西战略，大力推进工业化信息化融合发展。截至2018年，广西光网城市覆盖率达99%以上，行政村通达率达99.4%，2017年数字经济总规模达5200多亿元，电子商务交易额超7000亿元，数字经济新业态新模式不断涌现，电子政务应用步伐加快，网上全流程在线办理政务事项占39.6%，中国—东盟信息港信息通信枢纽初具雏形，与东盟国家的数字经济交流合作不断深化。数字经济正在带动广西传统产业转型升级。以柳州螺蛳粉产业为例，“互联网＋工业化”让柳州螺蛳粉成为“网红爆款”，从地方街头小吃走向全国、卖向全球，互联网日均成交量超过80万包，年快递寄件达2000万件，产值超50亿元。东盟十国网民规模总数达2.6亿人，数字经济规模到2025年有望突破2000亿美元。广西与东盟各国共建共享数字丝绸之路，具有广阔发展前景。

内蒙古包头市坚持把科技创新作为推动转型升级的主要动力，摆脱“挖土卖土”“挖煤卖煤”的资源路径依赖，致力于把新兴产业培育大、把传统产业改造好，扎实推动经济高质量发展。包头稀土工业储量占我国稀土储量的83.7%，是全国最大的稀土原材料科研、生产基地和应用产品研发基地。曾经囿于“挖土卖土”的包头稀土产业，现在已经拥有规模以上稀土行业企业29户，形成了从稀土开采、研发、生产到贸易较为完整的产业体系。而作为传统产业转型升级另一个重点的包头市钢铁产业，也在创新驱动下发生着深刻的变化。创新让钢铁、稀土、装备制造等传统优势产业，获得了新的发展速度。优质钢、特种钢的比重已经达到了90%，而稀土原材料就地转化率达到75%。

3. 加大财政投入与金融支持力度

作为全国贫困人口最多的省份，贵州脱贫攻坚工程，事关全国发展大局。万达集团是贵州省丹寨县的定点帮扶单位，自2014年以来，其以“企业包县、整体脱贫”为目标，重视将长期与短期、产业与教育、提高人均收入与整体脱贫深度融合，注重扶贫对象关键能力的综合提高，为企业参与国家扶贫可持续开发提供了新思路。2017年7月，作为万达丹寨扶贫项目组合拳中的“重拳”，贵州投资8亿元重点打造的旅游景点丹寨万达小镇正式投入运营。这座特色小镇由富有苗寨特色的建筑所构成，游客置身其中既可以体验神秘而富有韵味的苗族非遗文化，也可以品尝各种原生态的苗族美食。为确保客源充足，万达已经与国内100多家旅行社签订协议，每年为万达旅游小镇输送近百万游客。小镇带来的巨大客流量在2017年为当地贫困户直接创造了近1900个就业岗位；为丹寨县扶贫龙头企业、产业扶贫合作社产品的销售创造了宝贵的商机，直接带动了丹寨近1万个贫困户实现增收；间接带动周边27个景区和旅游村寨持续“升温”，帮助超过4700名贫困人口实现增收。

内蒙古聚焦脱贫攻坚、乡村振兴战略，提升农牧业金融服务质效。近年来，内蒙古银行业机构有效落实各项涉农涉牧金融政策，以扶贫小额信贷、易地扶贫搬迁贷款、产业精准扶贫贷款、特色农牧产业贷款为抓手，全力做好脱贫攻坚、乡村振兴战略金融服务工作，涉农涉牧贷款呈现逐年增加趋势。截至2018年年末，全区涉农涉牧贷款余额达到8393.55亿元。按照《内蒙古银行金融精准扶贫工作实施细则（2018—2020年）》的目标，2018年内蒙古银行进一步提高贫困地区金融服务的可得性，逐步提高县域及农村牧区的机构网点覆盖面，加快推进“小微支行”“涉农支行”“扶贫支行”等特色专营机构建设，进一步贴近普惠金融及精准扶贫实际。同时，加大产业扶贫信贷资金投放，将项目资金向发展产业倾斜，积极为种养大户、家庭牧场、专业合作社、农牧业加工销售企业发展提供政策支持与贷款便利。

4. 生态扶贫助推民族地区脱贫增收

2018年，新疆大力开展污染防治攻坚战，妥善解决生态建设与扶贫开发问题。严禁“三高”（高污染、高能耗、高排放）项目进新疆，全面落实河长制、湖长制。阿克苏河、渭干河流域两个百万亩绿化工程等一批重大生态保护和修复工程加快建设，治理沙化土地594万亩，造林272万亩。持续推进大气、水、土壤污染防治，加快“电气化新疆”建设，下大力气解决群众反映强烈的生态环境突出问题，努力建设天蓝地绿水清的美丽新疆。为推进脱贫攻坚，新疆察布查尔锡伯自治县结合山区乡村实际，将生态建设与促进贫困户就业相结合，探索“生态＋扶贫”模式，取得了生态、经济效益双丰收。2017年1月以来，察布查尔锡伯自治县已从建档立卡贫困户中招录40名村民作为生态护林员，每人每年可获得1万元的补助金。上岗前，生态护林员统一接受林业技能培训，农闲时节有组织地参与防护林建设、“村村绿化”工程、生态林管护等工作。

云南省山区面积占总面积的94%。山区发展严重滞后，成为云南最突出的“短板”。绝大多数贫困人口居住在山区，成为云南脱贫攻坚最难啃的“硬骨头”。“十三五”以来，云南省林业共投入贫困地区项目资金221.8亿元，通过全面实施退耕还林还草、陡坡地生态治理、天然林保护等国家和省级重点生态工程，不断加强贫困地区生态修复治理，着力提高贫困人口的参与度和受益水平。2018年云南省88个贫困县完成营造林626.7万亩（其中深度贫困县214.7万亩），占云南全省总营造林面积的76.16%。全省88个贫困县森林覆盖率达到61.05%，高于全省平均水平，27个深度贫困县森林覆盖率达到58.91%，生态环境得到持续改善，为云南省脱贫攻坚打下牢固的生态基础。

5. 民族地区反贫困问题取得显著成效

青海省循化县是全国唯一的撒拉族自治县，属国家和六盘山集中连片特困地区扶贫开发工作重点县，总人口16.16万人，其中农业人口12.8万人，县内少数民族占总人口的93.6%。自精准扶贫工作启动以来，循化县坚持把脱贫攻坚作为统揽经济社会发展全局的最大政治任务和第一民生工程，发挥自身特色资源和优势，开创了以“保险＋扶贫”、特色旅游、光伏扶贫、拉面经济为主的循化特色脱贫模式。2017年年底，循化县累计减少农村贫困人口7950人，贫困发生率由2014年的6.2%下降到0.09%以下，成为青海省第一批退出贫困县的县城，也是全国第一个少数民族区域性整体脱贫摘帽的县域。新一轮精准扶贫工作启动以来，循化县依托丰富的自然文化资源和独特的气候资源优势，大力实施“旅游立县”战略，倾力打造中国撒拉族绿色家园 5A 级景区和国家级休闲旅游度假区，开发撒拉族、藏族民俗风情体验和红色文化体验等特色旅游资源，推动乡村旅游业加快发展，帮助贫困群众就近就业实现增收。[1]

2018 年，新疆针对少数民族群众的贫困问题采取一系列有效措施。一是持续实施南疆四地州三年 10 万人转移就业计划，深度贫困家庭劳动力有组织稳定转移就业 7.5 万人。城镇就业困难人员实现就业 5.24 万人，零就业家庭保持 24 小时动态清零。二是实施教育惠民，大力推进学前教育和职业教育，实现南疆四地州城乡一体学前三年免费教育，实现初高中未就业毕业生职业技术培训全覆盖。三是推进医疗惠民。落实全民免费健康体检，实现人身意外伤害保险、大病保险全覆盖，农村贫困人口 15 种大病集中救治和慢性病签约服务全覆盖。四是推进安居工程和灾后重建。南疆 22 个深度贫困县 6.89 万户建档立卡贫困户安居房全部竣工。五是完善社会保障体系。全面落实 80 周岁以上老年人高龄津贴、免费体检和残疾人“两项补贴”制度。六是加大安全惠民力度。依法加强市场监督管理，有效防控食品药品安全风险，努力构建“从农田到餐桌、从实验室到医院”的每一道防线。

6. 以兴边富民行动引领民族地区经济发展

2017 年 5 月 28 日，国务院办公厅印发《兴边富民行动“十三五”规划》，对“十三五”时期深入推进兴边富民行动，支持边境地区加快发展做出全面部署。兴边富民行动涵盖广西 3 个边境市（百色、崇左、防城港）、8 个边境县（市、区）（那坡县、靖西市、大新县、龙州县、凭祥市、宁明县、防城区、东兴市）。2017 年年底，广西实现边境 8 个县（市、区）全部通行高速公路，基本形成“外通内联、城乡联网、通村畅乡、客车到村、安全便捷”的公路交通运输网络；边境地区 87 个乡镇已全部实现有线光纤联网，联网率 100%；边境地区已基本完成农村网络数字化转换，数字电视总户数

[1] 李富生. 循化：全国首个少数民族脱贫县［N/OL］.（2018-10-19）［2019-05-05］. 海东日报. http://www.dbcsq.com/jujiao/201810/120691.html.

达到 11.3 万户，实现了边境 0 ～ 20 公里范围内农村广播电视数字化、双向宽带化。2015 年精准扶贫工作开展以来，截至 2017 年年底，广西边境 8 个县（市、区）累计脱贫 27.35 万人，贫困发生率大幅度降低。国定贫困县龙州县贫困发生率由 2015 年年底的 23.73% 降到 2017 年年底的 1.76%。2018 年 2 月，龙州县脱贫摘帽，成为广西 2017 年唯一一个脱贫摘帽的国定贫困县。

2018 年，中央及内蒙古自治区累计向边境地区下达转移支付资金 31.9 亿元，其中中央下达转移支付资金 29.7 亿元，同比增长 9.5%。资金投入有效提升了边境旗市经济社会发展活力，围绕“两不愁、三保障”[1]脱贫目标，按照“六个精准”“五个一批”[2]要求，助力边境地区打好打赢脱贫攻坚战。2018 年，有 1 个边境国贫旗和 6 个边境区贫旗实现脱贫摘帽，并在 2017 年的基础上，有 1.5 万名建档立卡贫困人口实现脱贫，边境地区各族边民生产生活条件进一步改善，各民族守望相助，团结奋斗，共建美好家园的物质基础进一步铸牢。为鼓励边境一线各族群众贴边生产，抵边居住，2018 年内蒙古再次提高边民补贴标准，对抵边一线边民每人每年补助 3000 元，对抵边乡镇居住的非一线边民每人补助 1000 元，累计发放边民补贴 2.1 亿元；累计向 20 个边境旗市下达少数民族发展资金 2.2 亿元，其中向 4 个国贫旗市和 6 个区贫旗市下达资金 1.3 亿元，占比 59.1%，采取实际举措鼓励边民贴边生产、抵边居住，稳定脱贫，有效改善了边境地区嘎查村空心化发展的趋势，进一步推动了民族团结和边境稳固，助力边境地区建档立卡贫困人口脱贫致富，为边境地区如期全面建成小康社会奠定了坚实基础。[3]

7. 民族地区文化教育事业迅速发展

贵州省从 2017 年起，在农村义务教育学生营养改善计划方面实现了对

[1] “两不愁”即不愁吃，不愁穿；“三保障”即义务教育、基本医疗、住房安全有保障。

[2] 六个精准是：扶贫对象精准、项目安排精准、资金使用精准、措施到户精准、因村派人精准、脱贫成效精准；五个一批是：发展生产脱贫一批、易地扶贫搬迁脱贫一批、生态补偿脱贫一批、发展教育脱贫一批、社会保障兜底一批。

[3] 乌海市民族事务委员会. 内蒙古深入推进兴边富民行动助力边境地区打好打赢脱贫攻坚战［EB/OL］.（2019-01-19）［2019-05-05］. http://mw.wuhai.gov.cn/mzgz/2019-01-09/1602.html .

农村义务教育阶段学生全覆盖，惠及389.2万名农村中小学生。从2018年秋季学期开始，营养改善计划在贵州全省农村学前教育机构实现了全覆盖，87个县9921所学前教育机构的86.18万名农村学前教育儿童受益。仅此一项，贵州省、市（州）、县三级财政投入营养膳食补助资金就达4.66亿元。在教育精准扶贫资助方面，贵州省委、省政府统一部署，深入开展教育精准扶贫学生资助“春风行动”和“夏秋攻势行动”，全面开通“绿色通道”保障农村建档立卡贫困家庭学生直接按资助标准免费无障碍入学，目前已下达教育精准扶贫学生资助专项资金16.99亿元，资助农村建档立卡贫困学生46.51万人次。在实施国家资助、贷款政策方面，目前贵州省下达各级各类学生资助资金57.86亿元，受益学生307.21万人次；贵州全省申请助学贷款学生达41.37万人，申请贷款金额28.1亿元。[1]

青海省多措并举发展教育，建立从学前教育到高等教育完整资助体系，阻断贫困代际传递，教育服务区域经济社会发展和脱贫攻坚的能力显著增强，教育脱贫已经成为青海深度贫困地区脱贫攻坚的内生动力。仅2018年，青海省高校招生政策在向贫困地区倾斜政策引导下，省属高校贫困地区专项招生计划录取了3043名学生。通过支持贫困家庭高校毕业生就业，建立精准帮扶台账，开展技能培训和重点推荐，以及举办高校毕业生困难群体就业专场招聘会，青海贫困家庭学生就业签约率高于全省平均水平，形成了以政府为主，各行业部门、社会组织、企业捐助和个人捐款等多种资助方式组合的大学生资助体系。2018年，青海省农村义务教育学生营养改善计划实现覆盖42个县、义务教育学校865所，受益学生达37.02万名。

三、当下民族地区经济发展存在的问题

2017—2018年，全球贸易保护主义和单边主义不断抬头，世界经济不确定性提升，面对严峻的国际形势和国内艰巨的改革发展任务，我国按照高质量发展总要求，以深化供给侧结构性改革为主线，国民经济运行总体平稳、稳中有

[1] 朱梦聪.贵州学生资助和营养改善计划取得新突破［N］.中国教育报，2018-10-19.

进。由于特殊的自然和历史原因，我国民族地区比其他地区经济发展面临更严峻的形势和任务。

第一，自然资源匮乏，生态环境恶劣，减贫脱贫成本高。我国民族地区贫困现状大多与自身脆弱的生态环境密切相关。特别是伴随贫困人口减少，生态环境在诸多致贫因素中的重要性逐渐凸显。我国贫困人口当前主要分布在自然资源匮乏、生态环境恶劣，且地理位置偏远的地区，减贫脱贫成本较高，这就使得我国的扶贫开发与生态建设间存在重叠。贫困加剧生态环境的恶化，贫困人口对生态环境的过度开发乃至破坏成为可能。为了实现贫困人口的稳定脱贫，生态环境成为精准扶贫、精准脱贫的重要突破口，因此必须加强生态环境建设与扶贫开发的有机结合，实施生态扶贫战略，实现贫困地区生态环境改善与贫困人口脱贫致富的“双赢”目标。

第二，扶贫机制体制尚不健全，扶贫资金不能满足需求。目前，我国民族地区扶贫体制机制还不够健全，帮扶措施还存在“大水漫灌”现象，使用扶贫资金的地方普遍贫困面大，财力不足，这导致配套资金不到位，项目实施进展缓慢。绝大多数民族地区贫困村地处偏远，受交通、水利、物流等客观条件制约，资金项目推进实施难度大。扶贫项目开展过程缺乏群众自觉主动参与，不能充分动员社会力量形成扶贫合力，未能全面衔接相关扶持政策。

第三，扶贫工作重部署轻落实，部分扶贫干部认识不到位。民族地区扶贫工作的最大问题就是不实不细不准。因户因贫精准施策，针对致贫原因可以一户一发，也可以是一户多发、一人多策，贫困人口符合哪个政策条件就落实哪个措施。现在贫困群众满意度低，最根本的原因是该落实的政策没落实到位。政策没有落实到位的前置问题是政策宣传不到位，甚至有的基层扶贫干部解读政策能力低，对政策解读不到位，把握和运用政策不准确。

第四，部分贫困群众主体作用发挥不够，内生动力不足。扶贫工作中，部分贫困群众仍存在“等靠要”思想，“靠着墙根晒太阳，等着别人送小康”的现象普遍存在。特别是随着脱贫攻坚力度的加大和政策含金量的提高，一些群众甚至以被纳入贫困户为荣，躺在国家政策上享受国家政策制度的红利，自我脱贫的积极性和主动性不强。如何培育内生动力，把扶贫同扶智、扶志结合起来，充分调动贫困群众的积极性，变“要我脱贫”为“我要脱贫”，实现物质与精神同步脱贫，需要各方高度重视，进行更多的探索和实践。

第五，致贫因子交错复杂，返贫现象难以杜绝。民族地区的贫困现状不是一朝一夕形成的，也不是由单一因素所引致的。限制其发展的条件既包括自然地域空间因素，又包括社会空间维度下的经济、文化和制度因素。[1]一系列并发因素错综复杂，加剧了脱贫难度。同时，我国民族地区深度贫困区域大多以农牧业为主要生产方式，灾年返贫现象极为普遍，因病返贫现象也时有发生。

四、新时代民族地区扶贫建议

2019 年 3 月，李克强总理在政府工作报告中指出，2019 年是中华人民共和国成立 70 周年，是全面建成小康社会、实现第一个百年奋斗目标的关键之年，我们要对标全面建成小康社会任务，扎实推进脱贫攻坚和乡村振兴。坚持农业农村优先发展，加强脱贫攻坚与乡村振兴统筹衔接，确保如期实现脱贫攻坚目标，农民生活达到全面小康水平。下面就民族地区精准扶贫、精准脱贫提出几点建议和思考。

第一，坚持改革开放，推动民族地区经济发展。“民族地区的改革开放是推动民族地区经济发展的重要推手。”[2]改革开放初期，由于交通基础设施落后、市场化水平低、思想观念保守等，民族地区的经济发展受到极大限制。随着改革开放深度和广度的不断提升，民族地区一改封闭、落后的状态，逐渐从经济发展的边缘走向对外开放的前端。坚持改革开放，有助于民族地区经济持续发展、绿色发展、协调发展和实现跨越式发展。

---

[1] 张丽君，董益铭，韩石. 西部民族地区空间贫困陷阱分析［J］. 民族研究，2015（1）.

[2] 郑长德. 中国少数民族地区经济发展报告（2018）［M］. 北京：中国经济出版社，2018：59.

第二，坚持精准扶贫基本方略，完善贫困“进—出”机制。按照“六个精准”（扶贫对象精准、项目安排精准、资金使用精准、措施到户精准、因村派人精准、脱贫成效精准）要求，扶贫工作必须解决好扶持谁、谁来扶、怎么扶、如何退等问题，做到扶真贫、真扶贫，脱真贫、真脱贫。要对症下药、分类施策，按照贫困人口致贫原因，把各项脱贫措施精准落实到户、到人。既不急躁蛮干，也不消极拖延，确保焦点不散、靶心不变。要健全和完善民族地区贫困县的进入和退出机制，严格落实相关规定，把住贫困县的“进出口”，做到不穷的不戴帽，脱贫的要摘帽。同时，对国家拨发的专项扶贫资金的使用情况进行跟踪监督，使扶贫资金真正惠及民族地区贫困群众。

第三，坚持把提高脱贫质量放在首位，力戒形式主义。当前，脱贫攻坚既要解决贫困人口存量大的难题，又要消除脱贫不稳定而返贫的现象。因此，扶贫工作必须着眼长远，远近结合，更加注重帮扶的长期效果，防止急功近利、片面追求短期效应，夯实稳定脱贫、逐步致富的基础。必须合理确定脱贫时序，不搞层层加码，不赶时间进度，确保脱贫攻坚成果经得起历史和实践检验。同时，根据民族地区实际情况采取差异化扶贫措施，力戒形式主义，不搞花拳绣腿，务求脱贫攻坚时效。

第四，扶贫注重“扶志”与“扶智”，增强自我发展能力。“缺乏内生动力是阻碍脱贫攻坚任务顺利完成的一大难题。目前仍未脱贫的人群除了因残致贫、因病致贫和老年贫困，大多存在发展动力不足的问题。因此，必须要将扶贫同扶志、扶智相结合，激发贫困人口的内在脱贫动力。”[1]在扶贫工作中，必须改进帮扶方式，推广菜单式、先建后补、自建直补、杠杆式、龙头企业带动、能人带动等扶贫模式，发挥贫困群众的主体作用，提高他们的参与度。加强对群众的宣传教育和感情沟通，把扶贫同“扶志”“扶智”结合起来，引导贫困人群树立主体意识，激发自我脱贫的干劲。

第五，坚持完善脱贫攻坚监督考评机制，积极培育少数民族干部。当

[1] 张丽君，等.中国少数民族地区扶贫进展报告（2018）[M].北京：中国经济出版社，2019：24.

前民族地区脱贫攻坚已进入深水区和关键期，需要建立第三方评估机制，多角度、全方位发现问题，倒逼责任落实。在扶贫工作中，要严肃查处贪污挪用、截留私分、虚报冒领、抢占掠夺等行为，确保扶贫资金阳光操作、精准高效；严格控制检查考核频次，把责任落实、政策落实、工作落实和解决突出问题作为主要评判标准。同时，民族地区少数民族众多，培养少数民族干部能有效贯彻民族区域自治制度，为民族地区经济发展提供人才保障，把从严治党的要求贯彻到民族队伍建设中，夯实民族团结进步的人才基础。

参考文献

[1] 王延中，隋青. 中国民族发展报告（2018）[M]. 北京：社会科学文献出版社，2018.

[2] 张丽君，等. 中国少数民族地区扶贫进展报告（2018）[M]. 北京：中国经济出版社，2019.

[3] 丁宏. 中国少数民族事业发展报告（2017）[M]. 北京：知识产权出版社，2017.

[4] 郑长德. 中国少数民族地区经济发展报告（2018）[M]. 北京：中国经济出版社，2018.

民族教育事业发展研究

马 欣*

一、民族教育事业发展基本情况

2017年，教育部会同各地各有关部门进一步完善国家、地方和高校专项计划招生政策，形成保障农村和贫困地区学生上重点高校的长效机制。据统计，2017年3个专项计划（国家专项计划、地方专项计划、高校专项计划）共录取农村和贫困地区学生10万人，较2016年增加8500人，增长9.3%。国家专项计划录取集中连片特殊困难县、国家级扶贫开发重点县及新疆南疆四地州学生近6.4万人，比2016年增加3400人，增长5.6%；地方专项计划录取各省（区、市）农村学生近2.7万人，比2016年增加3700人，增长16.2%；高校专项计划录取边远、贫困、民族等地区县以下优秀农村学生9500人，比2016年增加1380人，增长17.1%。2017年，国务院办公厅印发《兴边富民行动“十三五”规划》，对优先发展边境地区教育事业作了部署安排。

* 马欣，中央民族大学中国少数民族研究中心、少数民族事业发展协同创新中心教师。

（一）各级各类学校少数民族在校生情况

截至2017年年底，我国各级各类学校中少数民族在校生总数约为2910.6431万人，占全国在校生总人数的10.73%，较2016年增加了159.1248万人，增幅为5.78%。其中，研究生12.7995万人，占全国总数的4.85%，比2016年增加1.2674万人，增幅为10.99%；普通本专科248.8788万人，占全国总数的9.04%，比2016年增加17.0576万人，增幅为7.36%；普通高中250.9863万人，占全国总数的10.57%，比2016年增加11.2365万人，增幅为4.69%；初中501.9853万人，占全国总数的11.30%，比2016年增加14.6909万人，增幅为3.01%；普通小学1175.9653万人，占全国总数的11.65%，比2016年增加39.2961万人，增幅为3.46%；学前教育484.6099万人，占全国总数的10.53%，比2016年增加71.7623万人，增幅为17.38%，在各级各类少数民族在校生数中增幅最大（见表1、表2）。

表1　各级各类学校少数民族在校生数　（单位：万人）

年份	总数	研究生	普通本专科	成人本专科	普通高中	普通中专	初中	普通小学	学前教育
2017	2910.6431	12.7995	248.8788	49.5838	250.9863	73.9296	501.9853	1175.9653	484.6099
2016	2751.5183	11.5321	231.8212	50.6509	239.7498	70.1564	487.2944	1136.6692	412.8476
2015	2635.8040	10.9704	214.2946	52.9264	229.2711	67.9196	480.7978	1094.9711	375.8873
2014	2501.1741	10.4674	199.2383	52.9467	219.5882	66.4664	477.3555	1058.9734	346.9144
2013	2425.0198	10.7392	184.4503	20.2741	210.9133	64.8968	471.0203	1040.9488	315.5937

数据来源：教育部官方网站公布的2013年、2014年、2015年、2016年、2017年教育统计数据。

表2　各级各类学校少数民族在校生占比　（单位：%）

年份	总占比	研究生	普通本专科	成人本专科	普通高中	普通中专	初中	普通小学	学前教育
2017	10.73	4.85	9.04	9.11	10.57	10.37	11.30	11.65	10.53
2016	10.33	5.82	8.60	8.67	10.13	9.77	11.26	11.47	9.35
2015	10.18	5.74	8.16	8.32	9.66	9.27	11.15	11.30	8.81
2014	9.89	5.67	7.82	8.11	9.15	8.87	10.89	11.20	8.56
2013	9.64	5.99	7.47	8.03	8.66	8.40	10.61	11.12	8.10

数据来源：教育部官方网站公布的2013年、2014年、2015年、2016年、2017年教育统计数据。

（二）少数民族师资队伍情况

截至2017年年底，全国各级各类学校中少数民族专任教师共142.7371万人，占全国专任教师总数的8.88%，比2016年增加57621人，增幅为4.21%。其中，普通高等学校9.3733万人，占全国专任教师总数的5.74%，比2016年增加2696人，增幅为2.96%；成人高等学校0.1323万人，占成人高等学校专任教师总数的5.51%，较2016年增加39人，增幅为3.04%；高中15.0073万人，占总数的8.44%，比2016年增加7812人，增幅为5.49%；普通中专1.8737万人，占总数的6.21%，比2016年增加188人，增幅为1.01%；初中33.0053万人，占总数的9.30%，比2016年增加6249人，增幅为1.93%；普通小学62.0042万人，占总数的10.43%，比2016年增加12346人，增幅为2.03%；学前教育18.7898万人，占总数的7.73%，比2016年增加26277人，增幅为16.26%（见表3、表4）。

表3　各级各类学校少数民族专任教师数　　（单位：万人）

年份	总数	普通高等学校	成人高等学校	高中	普通中专	初中	普通小学	学前教育
2017	142.7371	9.3733	0.1323	15.0073	1.8737	33.0053	62.0042	18.7898
2016	136.9750	9.1037	0.1284	14.2261	1.8549	32.3804	60.7696	16.1621
2015	132.1649	8.5801	0.1734	13.5350	1.8260	31.9096	59.6682	14.1754
2014	128.9683	8.2341	0.1886	12.8911	1.8821	31.6360	59.5635	12.2912
2013	124.7548	7.9439	0.1826	12.1459	1.8587	31.1437	58.9984	10.2672

数据来源：教育部官方网站公布的2013年、2014年、2015年、2016年、2017年教育统计数据。

表4　各级各类学校少数民族专任教师占比　　（单位：%）

年份	总占比	普通高等学校	成人高等学校	高中	普通中专	初中	普通小学	学前教育
2017	8.88	5.74	5.51	8.44	6.21	9.30	10.43	7.73
2016	8.78	5.68	5.09	8.18	6.13	9.28	10.50	7.24
2015	8.67	5.46	5.73	7.95	6.00	9.18	10.50	6.91
2014	8.62	5.37	5.98	7.68	6.13	9.07	10.57	6.66
2013	8.52	5.31	5.43	7.41	6.09	8.95	10.56	6.17

数据来源：教育部官方网站公布的2013年、2014年、2015年、2016年、2017年教育统计数据。

与2016年相比，民族八省区普通高校的生师比中，内蒙古、云南、西藏、青海、宁夏、新疆出现了上升趋势，贵州为下降，广西2017年的比例与2016年持平；在普通高中阶段，广西、青海的生师比有所升高，增幅分别为0.19、0.14，其余省区的生师比均为下降趋势；在初中阶段，除内蒙古和西藏外，其余省区的生师比均略有下降；普通小学阶段，只有西藏的生师比有所升高，其余省区均有所降低（见表5）。

表5　民族八省区各级普通学校生师比（教师数=1）

地区	普通高校		中等职业学校		普通高中		初中		普通小学	
	2017年	2016年	2017年	2016年	2017年	2016年	2017年	2016年	2017年	2016年
全国	17.52	17.07	19.59	19.68	13.39	13.65	12.52	12.41	16.98	17.12
内蒙古	17.47	17.37	14.02	14.72	12.22	12.89	10.74	10.73	13.30	13.47
广西	17.78	17.78	32.80	33.69	17.41	17.22	15.68	16.10	18.77	19.41
贵州	17.89	18.02	27.67	31.10	15.77	16.28	14.35	14.88	17.92	17.93
云南	19.35	18.80	23.11	22.67	14.74	14.96	14.52	14.81	16.51	16.59
西藏	15.49	15.35	12.70	14.02	11.33	11.41	12.40	11.96	15.43	14.37
青海	15.64	15.26	30.85	30.14	13.62	13.48	12.80	12.86	17.02	17.34
宁夏	17.21	17.07	27.16	29.24	13.65	14.29	13.84	13.92	16.98	17.09
新疆	18.18	17.4	24.27	24.29	12.75	13.10	10.49	10.54	14.91	14.75

数据来源：教育部官方网站公布的2013年、2014年、2015年、2016年、2017年教育统计数据。

从2017年专任教师本科及以上学历的占比来看（见表6），民族八省区普通高校专任教师本科及以上学历占比为98.53%，中等职业学校占比为88.85%，普通高中为97.72%，初中为82.72%，小学为46.81%。

表6　民族八省区2017年专任教师本科及以上学历占比　（单位：%）

地区	普通高校	中等职业学校	普通高中	初中	小学
民族八省区	98.53	88.85	97.72	82.72	46.81
内蒙古	98.11	89.78	98.11	89.04	64.26
广西	98.89	89.46	97.65	80.72	41.25
贵州	98.62	87.92	97.55	80.75	44.06
云南	98.40	89.10	98.28	85.63	45.60

续表

地区	普通高校	中等职业学校	普通高中	初中	小学
西藏	99.15	94.80	98.46	88.26	46.26
青海	98.48	80.97	95.45	83.40	56.93
宁夏	99.17	94.51	98.52	91.77	57.96
新疆	98.13	86.87	97.19	77.14	45.62

数据来源：教育部官方网站公布的2017年教育统计数据。

《关于加快中西部教育发展的指导意见》中提出，实施万名教师支教计划，到2020年，共组织内地3万名教师赴西藏、新疆支教，置换出当地90%以上理科教师脱产培训。2017年，援疆省市选派援疆教师1298人，以政府购买方式吸引内地教师476人、支教大学生1070人，赴新疆进行教育教学工作。

（三）教育投入情况

2017年，全国教育经费总投入为42562.01亿元，比2016年的38888.39亿元增长9.45%，全国一般公共预算教育经费（包括教育事业费、基建经费和教育费附加）为29919.78亿元，比2016年增长8.01%。其中，中央财政教育经费4663.16亿元，比2016年增长5.03%。根据教育部公布的数据，与2016年相比，2017年民族八省区的一般公共预算经费支出均比上一年度有所增长，其中西藏增长23.05%，增幅最大；内蒙古增加0.46%；广西增加7.19%；贵州增加7.90%；云南增加14.42%；青海增加10.57%；新疆增加8.59%（见表7）。

表7　2017年一般公共预算教育经费支出情况

地区	一般公共预算教育经费（亿元）	一般公共预算教育经费占一般公共预算支出比例（%）	一般公共预算教育经费本年比上年增长（%）
内蒙古	545.77	12.07	0.46
广西	911.92	18.56	7.19
贵州	906.66	19.69	7.90
云南	988.75	17.31	14.42
西藏	216.36	12.86	23.05
青海	186.63	12.20	10.57

续表

地区	一般公共预算教育经费（亿元）	一般公共预算教育经费占一般公共预算支出比例（%）	一般公共预算教育经费本年比上年增长（%）
宁夏	166.80	12.12	11.41
新疆	721.70	15.55	8.59

数据来源：教育部官方网站公布的《教育部、国家统计局、财政部关于2017年全国教育经费执行情况统计公告》。

从全国的统计数据看，2017年，在各级教育生均公共财政预算教育事业费支出增长情况中，全国普通小学为10199.12元，比2016年的9557.89元增长6.71%。增长最快的是云南，为17.47%；普通初中为14641.15元，比2016年的13415.99元增长9.13%；普通高中为13768.92元，比2016年的12315.21元增长11.80%；中等职业学校为13272.66元，比2016年的12227.70元增长8.55%，增长最快的是西藏，为48.53%；普通高等学校为20298.63元，比2016年的18747.65元增长8.27%。

（四）办学条件改善情况

与2016年相比，2017年民族八省区的办学条件各项指标继续提高。其中，固定资产中的教学、科研仪器设备资产值增幅最大，为12.88%；校舍面积增幅为6.42%；学校占地面积增加4.48%；图书增加1467.59万册，增幅为5.79%；计算机台数增加82897台，增幅为7.64%；教室数量增加6878间，增幅为8.54%；固定资产增加1460422.76万元，增幅为7.72%（见表8）。

表8　民族八省区办学条件情况

类目	2017年	2016年	增幅（%）
校舍面积（平方米）	98040418.53	92125032.38	6.42
占地面积（平方米）	235643085.06	225546949.83	4.48
图书（万册）	26826.99	25359.40	5.79
计算机台数（台）	1168558.00	1085661.00	7.64
教室（间）	87419.00	80541.00	8.54
固定资产（万元）	20388403.43	18927980.67	7.72
教学、科研仪器设备资产（万元）	4084712.11	3618642.53	12.88

数据来源：教育部官方网站公布的2016年、2017年教育统计数据。

（五）学前教育和基础教育

1. 学前教育

近 5 年，学前教育中少数民族学生总数持续增加，从 2013 年的 315.59 万人到 2017 年的 484.61 万人，增加了 169.02 万人；少数民族学生占学生总数的比例从 8.10% 增加到 10.53%（见表 9）。

民族八省区中的大部分学前三年毛入学率高于全国平均水平，其中，2017 年新疆达到 95.95%，比全国平均水平高 16.35 个百分点（见表 10）。

表 9　近 5 年学前教育少数民族学生总数及所占比例

类目	2017 年	2016 年	2015 年	2014 年	2013 年
少数民族学生占比（%）	10.53	9.35	8.81	8.56	8.10
少数民族学生数（万）	484.61	412.85	375.89	346.91	315.59

数据来源：教育部官方网站公布的 2013 年、2014 年、2015 年、2016 年、2017 年教育统计数据。

表 10　学前三年毛入学率　（单位：%）

年份	全国	内蒙古	广西	贵州	云南	西藏	青海	宁夏	新疆
2017	79.60	—	82.70	85.00	—	72.50	85.57	81.50	95.95
2016	75.00	90.00	79.60	83.00	93.76	66.24	81.21	77.40	76.29

数据来源：教育部及相关各省教育厅官方网站公布的教育统计数据。

截至 2017 年，全国共有少数民族幼儿园 7659 所，除山西和重庆外，其他省区均有分布。民族八省区共有幼儿园 45572 所，占全国总数的 17.87%；少数民族幼儿园 6348 所，占全国总数的 82.88%。其中，幼儿园总数广西最多，为 11787 所；少数民族幼儿园新疆最多，为 4468 所（见表 11）。

表 11　2017 年民族八省区幼儿园数　（单位：所）

地区	幼儿园总数	民族幼儿园数
全国	254950	7659
内蒙古	3845	416
广西	11787	14
贵州	9772	273

续表

地区	幼儿园总数	民族幼儿园数
云南	8286	32
西藏	1239	415
青海	1735	707
宁夏	1130	23
新疆	7778	4468

数据来源：教育部及相关各省教育厅官方网站公布的教育统计数据。

广西全区 2017 年有幼儿园 11787 所，比 2016 年增加 774 所，在园幼儿 213.99 万人，比 2016 年增加 4.35 万人；专任教师 8.23 万人，比 2016 年增加 0.81 万人。贵州全省共有幼儿园 9772 所，比上年增加 1764 所，在园幼儿 153.42 万人，比 2016 年增加 8.79 万人；教职工 14.11 万人，比 2016 年增加 2.03 万人，其中专任教师 8.34 万人，比 2016 年增加 1 万人。西藏全区共有幼儿园 1239 所，在园幼儿 10.63 万人，比 2016 年增加 0.96 万人，学前三年毛入园率 72.5%。青海共有独立设置幼儿园 1735 所，较 2016 年增加 68 所，同比增长 4.08%；在园幼儿数（含附设班）达 20.72 万人，较 2016 年增加 0.74 万人，增长 3.73%；幼儿园园长 0.13 万人，较 2016 年增加 38 人，增长 2.9%；专任教师 1.07 万人，较 2016 年增加 505 人，增长 4.97%；学前教育毛入园率 85.57%，较 2016 年提高 4.36 个百分点。新疆全区幼儿园 7778 所，比 2016 年净增 3135 所；在园幼儿 144.72 万人，比 2016 年增长 57.38%；其中少数民族在园幼儿 116.49 万人，占 80.49%。全区幼儿园招生 76 万人，毕业生 41 万人，教职工 9.22 万人，其中专任教师 5.95 万人，比 2016 年增长 42.56%；少数民族专任教师 3.25 万人，占 54.59%。学前三年毛入园率达到 95.95%，比 2016 年提高 19.66 个百分点。

2. 小学

从近 5 年小学阶段统计数据来看，少数民族学生总人数在所有学生总数中所占比例持续上涨，2013 年接受小学教育的少数民族学生占比为 11.12%，到 2017 年这一占比达到 11.61%，共增加 135.02 万人（见表 12）。

表 12　近 5 年小学教育少数民族总数及其所占比例

类目	2017 年	2016 年	2015 年	2014 年	2013 年
少数民族学生占比（%）	11.61	11.47	11.30	11.20	11.12
少数民族学生数（万人）	1175.97	1136.67	1094.97	1058.97	1040.95

数据来源：教育部官方网站公布的 2013 年、2014 年、2015 年、2016 年、2017 年教育统计数据。

从 2017 年小学阶段统计数据来看，民族八省区中，内蒙古和宁夏的小学净入学率高于全国平均水平，其中内蒙古连续四年达到 100.00%；新疆与全国平均水平持平；其他省区略低于全国平均水平，其中最低的为西藏，入学率为 99.45%。与 2016 年相比，增幅最大的是西藏，增长 0.33 个百分点（见表 13）。

表 13　小学净入学率　（单位：%）

地区	2017 年	2016 年	2015 年	2014 年	2013 年
全国	99.91	99.92	99.88	99.81	99.71
内蒙古	100.00	100.00	100.00	100.00	99.86
广西	99.77	99.58	99.39	99.58	99.60
贵州	99.62	99.57	99.48	98.48	99.29
云南	99.82	99.73	99.68	99.51	99.50
西藏	99.45	99.12	98.94	99.97	99.59
青海	99.79	99.80	99.77	99.67	99.73
宁夏	99.93	99.98	99.98	99.20	99.50
新疆	99.91	99.87	99.85	99.81	99.80

数据来源：教育部官方网站公布的 2013 年、2014 年、2015 年、2016 年、2017 年教育统计数据。

2017 年，广西全区有小学 8454 所，比 2016 年减少 1719 所，教学点 11586 个，比上年增加 1205 个，在校学生 463.75 万人，比上年增加 12.38 万人，专任教师 24.71 万人，比上年增加 1.46 万人，适龄儿童入学率 99.77%，比上年增加 0.19 个百分点。2017 年，贵州全省共有小学 7113 所，比上年减少 705 所；在校生 362.08 万人，比上年增加 8.7 万人；专任教师 20.21 万人，比上年增加 0.52 万人，小学适龄儿童入学率为 99.62%，比上年上升

0.05 个百分点。2017 年，西藏全区共有小学 806 所，在校生 315122 人，毕业生 45601 人，净入学率 99.45%。2017 年，青海全省共有小学 758 所，较上年减少 131 所，减少 14.74%；在校生 46.51 万人，较上年增加 0.72 万人，增长 1.57%；小学净入学率 99.79%，较上年下降 0.01 个百分点；专任教师 2.731 万人，较上年增加 911 人，增长 3.45%；生师比由上年的 17.34∶1 降至 17.02∶1，下降 0.32；专任教师学历合格率 99.95%，提高 0.01 个百分点；专任教师中大专及以上学历教师占 96.5%，提高 0.46 个百分点。2017 年，新疆全区共有小学 3523 所，在校生 228.63 万人，其中少数民族在校生 173.86 万人，占 76.04%。全区小学招生 43.34 万人，毕业生 30.90 万人，小学学龄儿童净入学率达 99.91%，比上年提高 0.04 个百分点，小学毕业生升入初中阶段升学率为 99.96%，比上年提高 0.36 个百分点。全区小学教职工 16.83 万人，其中专任教师 15.34 万人；少数民族专任教师 9.22 万人，占 60.13%。小学专任教师中高中及以上学历的合格教师占 99.99%，生师比 14.91∶1。

3. 初中

近 5 年来，普通初中少数民族学生数和占比逐年增加，到 2017 年，少数民族学生为 501.99 万人，占比为 11.30%（见表 14）。

表 14　近 5 年普通初中少数民族学生数及所占学生总数比例

类目	2017 年	2016 年	2015 年	2014 年	2013 年
少数民族学生占比（%）	11.30	11.26	11.15	10.89	10.61
少数民族学生数（万人）	501.99	487.3	480.8	477.36	471.02

数据来源：教育部官方网站公布的 2013 年、2014 年、2015 年、2016 年、2017 年教育统计数据。

2017 年，广西全区共有普通初中 1757 所，比上年减少 55 所，在校学生 203.46 万人，比上年增加 4.71 万人，专任教师 12.97 万人，比上年增加 0.63 万人，毛入学率 112.5%，比上年增加 2.53 个百分点。2017 年，贵州全省共有初中 2048 所（包括 544 所九年一贯制学校，5 所职业初中），比上年减少 51 所；在校生 182.99 万人，比上年减少 6.15 万人；专任教师 12.75 万人，比上年增加 417 人。2017 年，青海全省共有初中 270 所，较上年增加 2 所，增长 0.75%；

在校生 20.58 万人，较上年减少 2123 人，减少 1.02%；初中净入学率 95.21%，较上年提高 2.15 个百分点；专任教师 1.61 万人，较上年减少 97 人，减少 0.6%；生师比由 12.86：1 降至 12.8：1，下降 0.06；专任教师中本科及以上学历教师占 83.4%，较上年提高 2.11 个百分点。2017 年，西藏全区共有初级中学 94 所，在校生 12.46 万人。2017 年，新疆全区共有普通初中 1039 所，在校生 90.18 万人，其中少数民族在校生 62.91 万人，占在校生总数的 69.76%。全区初中招生 30.88 万人，毕业生 30.06 万人，初中阶段适龄少年净入学率达 99.06%，比上年提高 0.22 个百分点；初中毕业生升入高中阶段升学率为 94.50%，比上年提高 2.35 个百分点。全区初中教职工 9.64 万人，其中专任教师 8.6 万人，少数民族专任教师 4.79 万人，占 55.75%；初中专任教师大专及以上学历的合格教师占 99.93%；生师比 10.49：1。

（六）高中阶段教育

1. 普通高中

普通高中少数民族学生数在近 5 年间呈持续增长状态。从 2013 年的 210.91 万人增长到 2017 年的 250.99 万人，占比从 8.66% 提高到 10.57%（见表 15）。

表 15　近 5 年普通高中少数民族学生总数及其所占比例

类目	2017 年	2016 年	2015 年	2014 年	2013 年
少数民族学生占比（%）	10.57	10.13	9.66	9.15	8.66
少数民族学生数（万人）	250.99	239.75	229.27	219.59	210.91

数据来源：教育部官方网站公布的 2013 年、2014 年、2015 年、2016 年、2017 年教育统计数据。

2017 年，广西全区共有普通高中 460 所，比 2016 年增加 10 所；在校学生 97.48 万人，比 2016 年增加 5.59 万人；专任教师 5.6 万人，比 2016 年增加 0.26 万人。贵州全省共有普通高中 451 所，比 2016 年增加 14 所，普通高中在校生 101.1 万人，比 2016 年增加 1.73 万人；专任教师 6.41 万人，比 2016 年增加 3064 人。青海全省共有普通高中 101 所，较 2016 年减少 5 所，减少 4.72%；在校生 12.39 万人，较 2016 年增加 0.36 万人；毕业生 3.83

万人，较 2016 年增加 243 人。普通高中专任教师由 2016 年的 8923 人增加到 9093 人，增加 170 人，增长 1.91%；生师比由 2016 年的 13.48：1 增至 13.62：1。新疆全区共有普通高中 355 所，在校生 56.71 万人，比 2016 年增长 5.45%；其中少数民族在校生 33.91 万人，占 59.80%；招生 19.73 万人，毕业 16.19 万人。普通高中教职工 4.92 万人，其中专任教师 4.45 万人，少数民族专任教师 2 万人，占 44.89%；本科及以上学历的合格教师占 97.19%，生师比为 12.75：1。全区普通高中校舍建筑面积达 1169.99 万平方米，比 2016 年净增 5.56%。普通高中学生每百人配置计算机 14.76 台，普通高中生均图书 29.81 册，体育运动场（馆）面积达标校数占 92.96%。

2. 内地班（校）

通过举办内地民族班、民族预科班、实施少数民族高层次骨干计划等措施，改革开放 40 年来各级各类内地民族班培养了 85 万名优秀少数民族人才，其中大多数回到家乡就业，成为推动民族地区经济社会发展的重要力量。

从 2000 年起，北京等 14 个省市举办内地新疆高中班。2017 年，内地新疆高中班办班城市达到 45 个，办班学校 93 所，招生 9918 人，在校生 36585 人，升入高校 7316 人。内地新疆中职班办班城市 9 个，办班学校 31 所，招生 3243 人，在校生 9808 人，升入高校 803 人。

（七）高等教育

1. 少数民族学生情况

2017 年，高等教育阶段的少数民族学生总数为 363.0638 万人，占全国学生人数的 8.45%。少数民族研究生 12.7995 万人，占全国研究生总数的 4.85%。其中，博士研究生 2.1761 万人，占总人数的 6.01%；硕士研究生 10.6234 万人，占总人数的 4.66%；普通本专科人数为 248.88 万人，占比 9.04%。从近 5 年的数据来看，普通本专科少数民族的人口总数和所占比例均持续增加，从 2013 年的 184.45 万人增加到 2017 年的 248.88 万人，增加了 64.43 万人，少数民族学生占学生总数的比重取得了较大了增长，增幅达到 34.93%（见表 16）。

表 16　普通本专科少数民族学生总数和所占比例

类目	2017 年	2016 年	2015 年	2014 年	2013 年
少数民族学生占比（%）	9.04	8.60	8.16	7.82	7.47
少数民族学生数（万人）	248.88	231.82	214.3	199.24	184.45

数据来源：教育部官方网站公布的 2013 年、2014 年、2015 年、2016 年、2017 年教育统计数据。

少数民族高层次骨干人才计划每年招生规模 5000 人（博士 1000 人、硕士 4000 人），到 2017 年，已累计招生 4 万余人，各民族都有自己的研究生。该项计划招生 80% 以上指标重点面向西藏、新疆等西部省区市投放。

2. 高等院校情况

据统计，截至 2017 年 5 月，民族八省区共有高校 359 所，其中云南和广西分别有 77 所和 74 所，是民族地区普通高校数量最多的省区。西藏有 7 所高校。民族八省区普通高校总数为全国高校总数（2631 所）的 13.65%（见表 17）。

表 17　民族八省区高校分布情况　　（单位：所）

地区	内蒙古	广西	贵州	云南	西藏	青海	宁夏	新疆	合计
高校数	53	74	70	77	7	12	19	47	359

数据来源：教育部官方网站。

（八）职业教育

职业教育中，2017 年少数民族学生占比与 2016 年相当，较之前几年呈下降趋势（见表 18）。

表 18　近五年职业初中少数民族学生占比　　（单位：%）

类目	2017 年	2016 年	2015 年	2014 年	2013 年
少数民族学生占比（%）	26.91	26.91	39.24	36.82	32.87
少数民族学生数（万）	0.10	0.10	0.20	0.28	0.35

数据来源：教育部官方网站公布的 2013 年、2014 年、2015 年、2016 年、2017 年教育统计数据。

2017 年，广西全区共有中等职业学校（不含技工学校）271 所，比 2016 年减少 5 所；在校学生 68.68 万人，比 2016 年减少 1.18 万人，其中，全日制在校生 49.82 万人，比 2016 年增加 1.94 万人；专任教师 2.09 万人，比 2016 年增加 209 人；高等职业学院 35 所。贵州全省共有中等职业学校 192 所，比 2016 年减少 3 所；在校生 50.31 万人，比 2016 年减少 4.78 万人；教职工 2.18 万人，比 2016 年增加 79 人，专任教师 1.82 万人，比上年增加 464 人。其中，普通中专学校 66 所（中等技术学校 65 所，中等师范学校 1 所），在校生 207934 人，招生 72428 人，教职工 8243 人，专任教师 6520 人；成人中等专业学校 7 所，成人中等专业教育在校生 6.42 万人，教职工 1571 人，专任教师 1203 人；职业高中学校 119 所，在校生 23.09 万人，教职工 1.19 万人，专任教师 1.04 万人。青海全省中等职业教育学校 39 所，与 2016 年持平；在校生 7.5 万人，较 2016 年增加 990 人；中等职业学校专任教师由 2016 年的 2457 人降至 2433 人，减少 24 人，减少 0.98%；生师比 30.85∶1，较 2016 年上升 0.71；双师型教师 825 人，占专任教师总数的 33.9%，较 2016 年下降 1.2 个百分点。新疆全区共有中等职业教育学校（不含技工学校）160 所，在校生 23.87 万人，其中，少数民族在校生 18.15 万人，占 76.05%；中职学校中，普通中等专业学校 87 所，在校生 16.72 万人，职业高中 57 所，在校生 5.48 万人，成人中等专业学校 16 所，在校生 1.67 万人；中等职业学校有教职工 1.28 万人，其中，专任教师 0.98 万人，少数民族专任教师 0.53 万人，占 54.13%。授课专任教师中文化基础课教师 0.38 万人，专业课、实习指导课教师 0.57 万人，其中，双师型教师 0.26 万人。中等职业学校本科及以上学历的合格教师占 86.87%（普通中专为 91.72%），生师比 24.27∶1；中职学校舍建筑面积 455.49 万平方米，比 2016 年净增 2.29%；学生每百人配置教学用计算机 14.22 台，生均图书 15.75 册。

（九）双语教育

截至 2017 年，全国民族地区有 1.2 万所中小学使用 22 个民族的 27 种文字开展双语教学，国家通用语言文字教育教学质量不断提升。

以新疆为例，自治区印发了《关于加强和改进中小学双语教育工作的意见》。2017年，新疆全区中小学少数民族在校生中接受双语教育的学生240.39万人，占中小学少数民族在校学生的91.66%，比2016年提高13.39个百分点。为支持新疆高层次“双语”人才培养，自2007年起，教育部每年都在国家研究生招生计划内统筹安排专项推免名额，用于推荐维吾尔语、哈萨克语和汉语言专业优秀应届本科毕业生免初试到新疆大学、新疆师范大学等高校攻读语言学、应用语言学、汉语言或中国少数民族语言文学专业硕士学位研究生。截至2017年，通过高层次“双语”专项推免计划共招收硕士研究生1700余人。

二、面临的问题

（一）各级学校师生发展情况

1. 不同层次教育中少数民族学生比例情况

根据教育部公布的数据，到2017年年底，全国学前教育、普通小学、初中、普通高中在校生中，少数民族学生占比依次为10.53%、11.65%、11.30%和10.57%，比2016年均有所提高；普通本专科、研究生在校生中，少数民族学生占比分别为9.04%和4.85%，本专科比例有所提高，研究生比例则下降，少数民族学生在各级学校中仍然呈现“两端底、中间高”的趋势，学前教育及高等教育占比较低，研究生层次比例低于全国少数民族人口比例[1]。从义务教育阶段看，贵州、云南和西藏九年义务教育巩固率[2]均低于全国平均水平。

2. 师资队伍情况

（1）学历。

2017年，全国98.87%的专任教师为本科及以上学历，其中研究生占60.43%，本科占38.44%。民族八省区专任教师中，广西、西藏和宁夏的本

[1] 第六次人口普查数据中，少数民族人口占比为8.41%

[2] 九年义务教育巩固率，即一个学校入学人数与毕业人数的百分比。

科及以上学历教师占比超过全国平均水平；研究生学历方面，只有西藏的专任教师数比例超过全国平均水平，其余七个省区均低于全国平均水平，最低的是青海，为39.56%，比平均比例低20余个点（见表19）。

表19　2017年民族八省区专任教师学历占比情况

地区	本科及以上（人数）	占比（%）	研究生（人数）	占比（%）	本科（人数）	占比（%）
全国	1638547	98.87	1001488	60.43	637059	38.44
内蒙古	26128	98.12	13168	49.45	12960	48.67
广西	43843	98.91	26642	60.11	17201	38.81
贵州	34908	98.62	16998	48.02	17910	50.60
云南	38686	98.40	20185	51.34	18501	47.06
西藏	2463	99.15	1547	62.28	916	36.88
青海	4731	97.69	1916	39.56	2815	58.13
宁夏	8201	99.14	4322	52.25	3879	46.89
新疆	21314	98.05	11523	53.01	9791	45.04

（2）数量。

从横向来看，2017年民族八省区之间的生师比存在较大差异。内蒙古、西藏各类学校的占比都低于全国平均水平，广西和贵州则全部高于全国平均水平。各省区之间不同层次学校的生师比差距也较大，以广西为例，其中等职业学校生比例为32.80，超过全国平均水平13个点，而普通高校则与全国平均水平较为接近（见表20）。

表20　2017年各级普通学校生师比（教师数=1）

地区	普通高校	中等职业学校	普通高中	初中	普通小学
全国	17.52	19.59	13.39	12.52	16.98
内蒙古	17.47	14.02	12.22	10.74	13.30
广西	17.78	32.80	17.41	15.68	18.77
贵州	17.89	27.67	15.77	14.35	17.92
云南	19.35	23.11	14.74	14.52	16.51
西藏	15.49	12.70	11.33	12.40	15.43

续表

地区	普通高校	中等职业学校	普通高中	初中	普通小学
青海	15.64	30.85	13.62	12.80	17.02
宁夏	17.21	27.16	13.65	13.84	16.98
新疆	18.18	24.27	12.75	10.49	14.91

数据来源：《中国统计年鉴 2017》。

（二）办学条件

一是从校园危房面积比例来看，2017 年，民族八省区中广西、云南、西藏、青海和新疆的校舍危房比例高于全国平均水平。其中，云南是全国平均水平的 4 倍多（见表 21）。

表 21　2017 年民族八省区学校产权校舍危房比例

地区	学校产权校舍面积（平方米）	危房面积（平方米）	占比（%）
全国平均	863688901.50	1356626.37	0.16
内蒙古	13976143.56	6689.00	0.05
广西	23278814.97	89141.58	0.38
贵州	23063558.47	5522.40	0.02
云南	16483280.60	112005.87	0.68
西藏	1286916.75	6602.00	0.51
青海	2684669.53	5753.00	0.21
宁夏	4155986.69	0.00	0.00
新疆	13111047.96	62550.41	0.48

数据来源：教育部官方网站公布的 2017 年教育统计数据。

二是从生均办学条件指标来看，生均校舍建筑面积中贵州和新疆的小学生均面积，广西、贵州、云南和宁夏的初中生均面积，广西、贵州、青海、宁夏和新疆的高中生均面积均低于全国平均水平。生均拥有图书数量中，有 5 个省区的小学、初中生均指标低于或等于全国平均水平，高中则有 7 个省区低于全国平均水平。生均教学仪器设备资产值中，广西、贵州、云南三省区的小学、初中和高中指标均低于全国平均水平，西藏的初中和高中，青海的小学和高中，新疆的小学和高中低于全国平均水平，内蒙古和宁夏 3 个指标均高于全国平均水平（见表 22）。

表 22　2017 年生均办学条件指标

地区	生均校舍建筑面积（平方米）			生均教学仪器设备资产值（元）			生均图书（册）		
	小学	初中	高中	小学	初中	高中	小学	初中	高中
全国平均	7.44	13.73	21.69	1404.55	2264.77	3728.96	23	36	39
内蒙古	9.74	15.91	22.35	2348.14	3386.86	4278.96	20	32	33
广西	8.21	11.89	17.41	1377.48	1602.50	2166.56	28	37	30
贵州	7.43	12.29	17.46	1017.78	1480.56	2568.10	23	37	35
云南	9.02	10.83	21.74	1293.34	1330.78	2811.92	24	28	38
西藏	14.00	17.40	23.02	1529.17	1567.31	2491.83	17	26	28
青海	9.15	16.72	20.19	1126.85	2429.69	3257.42	24	46	45
宁夏	7.95	12.33	18.36	2768.87	3810.98	3930.54	21	32	38
新疆	6.31	15.15	20.63	1380.95	2879.01	3148.03	14	33	30

数据来源：教育部官方网站公布的 2017 年教育统计数据。

三是从教育信息化程度来看，广西、贵州、云南、新疆 2017 年小学每百名学生拥有计算机台数低于全国平均水平；广西、贵州、云南、西藏的初中每百名学生拥有计算机台数低于全国平均水平；在高中，除了青海和宁夏，其余 6 个省区每百名学生拥有计算机台数低于全国平均水平。

广西、云南、西藏、青海和新疆 2017 年小学每百名学生拥有网络多媒体教室的数量低于全国平均水平；广西、贵州、云南、西藏、青海的初中每百名学生拥有多媒体教室数低于全国平均水平；内蒙古高中每百名学生拥有网络多媒体教室数高于全国平均水平，新疆与全国平均持平，其余六省区均低于全国平均指标（见表 23）。

表 23　2017 年生均办学条件指标

地区	每百名学生拥有计算机台数（台）			每百名学生拥有网络多媒体教室数（间）		
	小学	初中	高中	小学	初中	高中
全国平均	12	18	22	2.19	2.62	3.0
内蒙古	15	21	21	2.82	3.22	3.1
广西	9	11	13	1.95	1.80	1.8
贵州	10	14	15	2.45	2.42	2.4
云南	11	13	21	2.01	1.67	2.7
西藏	16	15	14	1.64	1.66	2.1

续表

地区	每百名学生拥有计算机台数（台）			每百名学生拥有网络多媒体教室数（间）		
	小学	初中	高中	小学	初中	高中
青海	14	24	24	1.62	2.68	2.30
宁夏	17	21	23	2.69	2.66	2.60
新疆	10	20	20	2.00	3.30	3.00

数据来源：教育部官方网站公布的2017年教育统计数据。

（三）经费投入

在2017年各级教育生均一般公共预算教育事业费统计数据中，广西、贵州、宁夏的小学，广西、贵州、云南、宁夏的普通初中、普通高中，以及广西、贵州、云南、青海、宁夏、新疆的中等职业学校，内蒙古、广西、贵州、云南、新疆的普通高等学校生均指标低于全国平均水平。各省区之间也存在差异，西藏的所有生均经费指标均高于其他省区，且高于全国平均水平。广西除中等职业学校和普通高等学校外，其他几项指标均是八省区中最低的。贵州的中等职业学校生均指标在八省区中最低（见表24）。

表24　2017年各级教育生均一般公共预算教育事业费

地区	普通小学		普通初中		普通高中		中等职业学校		普通高等学校	
	生均一般公共预算教育事业费（元）	年增长率（%）	生均一般公共预算教育事业费（元）	年增长率（%）	生均一般公共预算教育事业费（元）	年增长率（%）	生均一般公共预算教育事业费（元）	年增长率（%）	生均一般公共预算教育事业费（元）	年增长率（%）
全国	10199.12	6.71	14641.15	9.13	13768.92	11.80	13272.66	8.55	20298.63	8.27
内蒙古	13110.02	0.01	16380.17	0.48	14874.78	3.78	16962.34	3.49	18654.08	1.94
广西	7897.88	2.70	10028.82	5.48	9896.63	6.11	9906.96	1.57	16124.80	12.18
贵州	9753.05	0.97	11273.06	11.26	10637.85	10.38	6451.44	0.41	17781.19	14.08
云南	10491.47	17.47	12730.79	17.64	11687.76	12.71	10859.93	–3.21	15424.55	3.30
西藏	26246.80	8.29	27341.64	11.12	32086.14	16.87	44896.55	48.53	34070.32	2.06
青海	13191.54	10.40	16910.88	13.38	15581.08	10.80	12933.28	0.51	25439.03	3.01
宁夏	9503.42	8.99	12920.35	8.31	12613.25	15.73	13269.54	25.64	25080.97	–8.04
新疆	11738.70	–3.25	17949.09	3.10	14471.04	–2.04	12421.88	–6.83	17207.82	–5.39

数据来源：《教育部　国家统计局　财政部关于2017年全国教育经费执行情况统计公告》。

三、对策及建议

第一，立足实际，找准关键，重点解决民族教育发展不充分、不均衡问题。从现状来看，尽管民族教育取得了显著成就，但整体水平还有待进一步提高，因此，要提升民族教育整体质量首先要结合各省区实际情况，全面、系统地制定出相应的具有区域特色的教育政策；要加强教育资源的倾斜投入，针对各省区教育发展水平的差异合理地进行资源分配，促使民族地区的教育水平能够在一定的支持下良性发展，同时要建立健全教育成本补偿制度，形成良好的教育促进机制。

第二，常抓不懈，精准实施民族地区义务教育阶段控辍保学工作。首先，应建立和完善长效机制，从制度层面做好控辍保学工作，如完善辍学学生定期调查登记机制、行政督促复学机制、控辍保学动态监测机制、检查督导机制和考核问责机制等。其次，做到帮扶政策“精准化”，具体问题具体解决，有针对性地施策，特别是要通过制度保障和爱心帮扶等多层次多举措，推动控辍保学工作，确保学龄人口不因贫困辍学，阻断贫困代际传递。最后，应从提高教育质量上下功夫，通过提升农村学校教育质量、建立健全学习困难学生帮扶制度等措施，解决好学生厌学问题。

第三，加强民族地区师资队伍建设。首先，要从数量上保障民族地区教师队伍的稳定，通过采取定向招生、培养等措施，着重培养来自农牧区、山区和边疆地区的各级各类学校教师。其次，要不断提高教师队伍业务水平，可着重以对口支援工作为依托，组织对口支援的省、市和有关学校，采取专家定期讲学、接受在职教师进修、培训等方法，帮助民族地区提高师资队伍整体素质。再次，通过解决编制、增加补贴等形式切实提高民族地区教师待遇。最后，提升民族地区的教育信息化水平，加强信息化设施建设，为共享优质资源提供保障，通过教育信息化手段改善民族地区不利的教学环境和优秀教师缺乏的现状。

民族地区旅游发展研究报告

李劲松*

2018年是全面贯彻党的十九大精神的开局之年和我国改革开放40周年，民族地区旅游业以习近平新时代中国特色社会主义思想为指导，全面深入贯彻党的十九大精神，紧扣新时代人民日益增长的美好生活需要和不平衡不充分的发展之间的新矛盾，坚持以供给侧结构性改革为主线，获得了引人注目的高速发展和巨大成绩，成为有效推动“一带一路”倡议和精准脱贫、乡村振兴、全域旅游、西部开发、兴边富民等国家战略的重要抓手和科学路径。整体来看，2018年我国以民族八省区为代表的民族地区旅游业发展十分迅猛，特别是作为民族八省区之一的多民族省份贵州，充分发挥多元民族文化和独特自然景观优势，旅游业持续井喷，旅游人次高居全国第一，已成为我国名副其实的旅游大省和民族地区旅游业发展的领头羊。另外，2018年新疆维吾尔自治区、西藏自治区旅游业发展也备受关注，两个自治区的旅游人次和旅游收入增幅都位于全国前列，其中新疆维吾尔

* 李劲松，博士，硕士研究生导师，中央民族大学民族文化与旅游休闲研究中心主任，全国休闲标准化技术委员会委员，北京市国家全域旅游示范区创建验收特聘专家。

自治区这两项指标增幅高居全国首位，成为最具发展潜力的民族地区乃至全国的省域旅游目的地。

一、民族地区旅游研究进展

（一）“民族地区旅游”概念的界定

“民族地区旅游”这一概念与“民族旅游”“民族文化旅游”“少数民族旅游”“民族风情旅游”“民俗旅游”“民俗文化旅游”等相关概念常常混淆使用。国内外学者针对上述概念进行了不同程度的辨析探讨。但事实上，“民族地区旅游”可以认为就是以“民族地区”为区域的“区域旅游”。因此，为了清晰认识“民族地区旅游”这一概念，必须首先明确界定“民族地区”和“区域旅游”这两个核心概念。

1. 民族地区

民族地区即中国少数民族地区的简称，主要有三个层次的内涵：一是从行政区域界定来看，民族地区是指根据国家政治制度和行政区域界定的少数民族地区，具体指在民族区域自治制度下实行民族自治的地区，包括 5 个少数民族自治区和 30 个少数民族自治州及 120 个自治旗县。二是除了上述少数民族自治地方外，还包括云南、贵州和青海这三个省在内的非民族自治地方，在经济社会发展方面与民族自治地区享受同样的民族政策。三是广义上的概念，包括 5 个少数民族自治地区和云南、贵州、青海、四川、甘肃 5 个多民族省份，以及其他省份如吉林、湖南、湖北、海南等地的少数民族聚集地区。❶

2. 区域旅游

国外学术界对区域旅游较早进行了界定。英国学者 D. 布哈利斯认为，区域旅游是一个完整的特殊的地理区域，旅游者对这一个体有着一致的认识，在这一区域内有统一完善的相关法律法规和合理的政策规划及管理条例，也即区域旅游是由统一的归属地管理机构进行监管的地方。中国学术界

❶ 施正一. 民族经济学教程［M］. 北京：中央民族大学出版社，2001：187.

和产业界在 20 世纪 80 年代中期，在借鉴国际经验的基础上，提出了具有本土特色的区域旅游概念，将区域旅游理解为隶属于某一单一区域内的旅游活动或者跨区域的旅游活动。[1]陈传康认为，区域旅游就是在旅游资源分布相对较一致的空间内，以中心城市为依托，依据自然地域、历史联系和一定的经济、社会条件，形成有特点的旅游空间，即各种类型的旅游区，以吸引旅游者在一定的区域内旅游。[2]涂人猛认为，区域旅游是以区域作为相对独立的单位，接待旅游者、组织安排旅游活动的一种方式。它以客源集中的中心城市或者名胜风景旅游点为依托，根据区域内的旅游资源、旅游景点和设施的建设及旅游商品的生产和供应，以期取得最理想的经济效益。[3]郑荣富指出，区域旅游是依据旅游资源、交通、设施及地理位置、行政区划诸要素，以客源集中的中心城市或著名的旅游点为依托，以彼此相互协作的接待服务为基础，形成较为完整的旅游区域。[4]郑耀星强调，区域旅游是某一确定的行政区域范围内的旅游行业整体，由该行政区域的旅游业主管部门实施行业管理。从旅游产品内容角度看，区域旅游以区域旅游吸引物的整体方式来吸引游客，呈面状空间分布特征，是地方旅游发展的成熟阶段。[5]李永文指出，区域旅游即旅游地域系统，从范围上看是指特定地域的旅游；从组成要素上看是以人类旅游活动为主体，以旅游观光对象为客体，并由其他人文与自然要素交织而成。[6]

3. 民族地区旅游

“民族地区旅游”的范围在本质上可以理解为根据国家政治制度和行政区域界定的少数民族区域范围，具体包括 5 个自治区、30 个自治州和 120 个自治县（旗）在内的区域旅游。“民族地区旅游”主要指以西藏、新疆、内蒙古、广西、宁夏 5 个少数民族自治区和云南、贵州、青海、四川、甘肃 5 个

[1] 马晓龙. 区域旅游研究十年：进展与评价［J］. 人文地理，2012（2）：33.

[2] 陈传康. 华北文化旅游区与京津冀旅游开发协作［J］. 城市问题研究，1989（1）：61-62.

[3] 涂人猛. 区域旅游理论研究［J］. 社会科学家，1994（5）：83-88.

[4] 郑荣富. 促进区域旅游与合作加速发展福建旅游业［J］. 旅游学刊，1997（5）：19-21.

[5] 郑耀星. 区域旅游合作是旅游业持续发展的新路［J］. 福建师范大学学报，1999（2）：29-32.

[6] 李永文. 区域旅游可持续发展初探［J］. 地域研究与开发，2000（3）：21.

多民族省份及吉林、湖南、湖北、海南等地的少数民族聚集地区为代表区域开展的，以少数民族地区独特自然生态环境和少数民族特色传统文化为主要资源的区域旅游业。鉴于本章的“民族地区旅游”主要讨论我国少数民族地区社会经济产业发展，特别是考虑到相关数据收集的可行性和有效性，所指民族地区主要以通常所称的“民族八省区”为代表和重点。

（二）民族地区旅游研究年度进展

2018 年民族地区旅游研究亟须以各学科为研究视角，借助不同学科的研究理论和研究方法，内容聚焦在旅游资源、旅游扶贫、乡村振兴、社会治理和冲突及旅游发展潜力、民族文化变迁等议题上。整体来看，2018 年，有关民族地区旅游呈现了不同的关注热点，其中关于旅游扶贫主题的研究占有较大比重。

1. 民族地区旅游资源研究

张新友运用层次分析法（AHP）对新疆多民族地区非物质文化遗产旅游资源进行了评价。AHP 是 20 世纪 70 年代美国匹兹堡大学运筹学教授萨蒂提出的一种多层次权重分析决策方法。它是将决策的问题分解成相互关联、相互制约的各个因素，按照各要素的隶属关系排成若干层次，请专家进行两两比较并打分，利用数学方法层层排序，并对排序结果进行分析，从而辅助决策。研究认为，新疆非物质文化遗产旅游资源基础价值较好，但遗产的质量状况、开发条件和开发潜力表现一般。研究指出，在对其进行保护和开发的条件下，可以遵循科学规划、合理利用、公民参与、全面动员、制度创新、有力保障的发展思路，开辟特色民族生态旅游，并从政府角度多措并举，改善旅游软、硬件环境。[1]

陈宇对湘西少数民族地区乡村旅游资源进行了属性和特征分类，采用多目标多因子评价方法，从旅游资源要素价值、资源开发条件和社会效应 3 个方面构建了评价指标体系，由专家对主要单体进行打分，定量评价了湘西少数民族地区乡村旅游资源的等级。研究表明，五星级旅游资源有 32 处，四

[1] 张新友.新疆多民族地区非物质文化遗产旅游资源评价［J］.贵州民族研究，2018（10）：152-157.

星级旅游资源有 73 处，优良级以上乡村旅游资源有 196 处。研究指出，湘西乡村历史文化积淀深厚，有很强的开发潜力；湘西乡村自然资源景观特征明显，优级旅游单体数量较多，多为国家级风景名胜区，在全国具有重要影响力和知名度；湘西乡村民俗类资源单体众多，包括饮食传统、节庆活动、乡土特产和乡土名人等，多为民族独有文化，具有很大的旅游吸引力。[1]

2. 民族地区旅游扶贫研究

李天翼、麻勇斌、苍铭等对 2008—2018 年西江千户苗寨景区的发展情况进行了追踪研究，通过历时变化与现时状况纵向和横向两大维度的参照对比，以西江苗族民族文化资源的合理利用为核心，深入、系统地探讨了西江千户苗寨的成效、经验与价值。研究表明，西江模式的成功在于坚持以发展为主题，在景区管理上实行旅游运作的市场化与景村融合模式，在景区旅游品牌塑造上实现了文化引领品牌建设与创新，在景区文化遗产保护上推行民族文化的发展式保护，在景区旅游扶贫上实施开发红利的共享与普惠，在景区社会治理上推动多主体共建共创与民间智慧的运用。[2]

鄢慧丽、王强运用三阶段 DEA 模型，以海南省少数民族地区为个案，对其 2010—2016 年旅游扶贫效率进行测度，并运用 Arc GIS10.0 对其时空演化特征进行分析。研究表明，2010—2016 年调整后的海南省少数民族地区旅游扶贫综合效率呈波动上升态势，但仍未达到最佳前沿面，主要受规模效率较低影响所致；就市县而言，各市县旅游扶贫效率差异显著。研究还显示，2010—2016 年海南省少数民族地区旅游扶贫综合效率与规模效率空间分布较为相似，从“南北高中间低”格局演变为“北高南低”格局，而纯技术效率格局与前两者则差距较大。[3]

陈炜、张志明基于全域旅游视角，从管理域、空间域、产业域和要素域

---

❶ 陈宇. 湘西少数民族地区乡村旅游资源分类及评价［J］. 中国农业资源与区划，2018（2）：205-210.

❷ 李天翼，麻勇斌，苍铭，等. 西江模式：西江千户苗寨景区十年发展报告（2008—2018）［M］. 北京：社会科学文献出版社，2018.

❸ 鄢慧丽，王强. 海南省少数民族地区旅游扶贫效率测度与时空演化分析［J］. 中国软科学，2018（8）：63-74.

四个层面，系统构建了青海民族地区贫困群体包容性旅游扶贫模式，为优化创新旅游扶贫开发模式、提升旅游扶贫绩效、培育和打造青海贫困地区特色旅游产业、充分释放旅游经济发展红利、实现全域旅游与旅游扶贫的协同发展提供有益借鉴参考。❶

朱宝莉、刘晓鹰认为，全域旅游是当今旅游业态发展的主要趋势，其与精准扶贫在理论上相互契合。通过对黎平区域旅游目的地建设成效可以看出，贵州黎平县通过全域旅游建设，充分发挥了“旅游+”的巨大产业联动效应，以全域旅游为驱动走出了一条全域旅游战略下的扶贫道路，为民族地区旅游扶贫提供了新的经验。此外，以全域旅游为动力的精准扶贫模式，必须处理好整体性和益贫性、资源开发和文化生态保护、政府主导和社会参与、突出市场机制和农民市场进入能力不强这四大矛盾。❷

刘杨星、黄毅以四川阿坝藏族羌族自治州贫困地区为例，对乡村旅游扶贫在西部民族地区的优势进行分析，认为西部地区推行乡村旅游有助于带动当地产业转型升级，有助于贫困地区农户实现脱贫奔康。研究显示，在乡村旅游扶贫路径选择上，西部民族地区要依托乡村旅游扶贫产业，融合生态文明建设，优化乡村旅游空间格局，增强民族文化主体的保护及通过人才的培育提高社区参与度。❸

3. 民族地区旅游与乡村振兴研究

王建芹对西南民族地区特色旅游促进乡村振兴的作用机理与实现路径进行了相关探讨。研究认为，基于乡村振兴的目标要求和旅游效应理论，应该厘清特色旅游促进乡村振兴的作用机理，并结合政府、企业、农户三个乡村振兴实施主体及区域实际情况，通过政府主导做好顶层设计、企业配合履行社会责任、农户参与共建美好家园的实现路径，使特色旅游有效推进西南民

❶ 陈炜，张志明. 全域旅游视域下青海民族地区包容性旅游扶贫模式研究［J］. 青海民族研究，2018（4）：48–55.

❷ 朱宝莉，刘晓鹰. 精准扶贫视域下的民族地区全域旅游：经验和思考——以贵州黎平为例［J］. 社会科学家，2018（2）：104–109.

❸ 刘杨星，黄毅. 西部民族地区乡村旅游扶贫机理与路径选择——以四川阿坝藏族羌族自治州为例［J］. 区域经济，2018（11）：73–79.

族地区乡村振兴战略。[1]

张洪昌、舒伯阳等总结了民族旅游地区乡村振兴的“西江模式”，并对这一模式的生成逻辑、演进机制与价值表征进行了分析。研究认为，西江千户苗寨已经成为我国少数民族地区实施乡村振兴战略的典范，多年的“政府+企业+村民”共同参与的旅游开发模式取得了重要的社会经济效益。研究表明，外在的制度嵌入和内生的社会文化共同构成了西江模式的生成逻辑，而文化资本化、旅游市场化及管理职能的转变对西江模式的动态演进提供了驱动力和重要保障，最终促进了西江千户苗寨共生共融和共建共享乡村振兴模式的构建。[2]

4. 民族地区旅游的社会冲突和治理研究

钟洁、冯蓉认为，西部民族地区旅游社会冲突会产生正负两方面的作用。正面作用是重建社会关系、提高社会整合度、缓解社会矛盾等正向功能；负面作用是旅游地社会资源损失、旅游地社会秩序破坏、旅游地形象损毁、地方政府公信力流失等。研究认为，要辩证看待旅游社会冲突所具有的正负双重功能，其能够为我国民族地区旅游社会冲突调控的具体实践提供一定理论指导。[3]

唐仲霞、向程等以青海省黄南藏族自治州为例，对民族地区旅游治理多主体共生模式进行了研究。研究基于共生理论视角，以青海省黄南藏族自治州为个案，定量分析了政府、居民、游客和旅游企业等不同治理主体之间的共生关系和模式。研究认为，旅游治理与各利益主体及其之间密切相关，不同主体和谐共生是民族地区旅游治理的关键。[4]

5. 民族地区旅游发展潜力研究

向雨川、杨晓霞构建了“旅游产业基础、旅游资源潜力、旅游市场潜力

---

❶ 王建芹. 西南民族地区特色旅游促进乡村振兴的作用机理与实现路径［J］. 吉林工商学院学报，2018（8）：5-10.

❷ 张洪昌，舒伯阳，等. 民族旅游地区乡村振兴的“西江模式”：生成逻辑、演进机制与价值表征［J］. 贵州民族研究，2018（9）：165-168.

❸ 钟洁，冯蓉. 论社会冲突理论视角的旅游社会冲突正负双重功能——基于对西部民族地区旅游业发展的考察［J］. 民族学刊，2018（2）：59-64.

❹ 唐仲霞，向程，等. 民族地区旅游治理多主体共生模式研究——以青海省黄南藏族自治州为例［J］. 中国农业资源与区划，2018（11）：212-218.

和旅游保障潜力”4大旅游发展潜力评价体系，运用TOPSIS方法对渝东南民族地区6个区县的旅游发展潜力进行定量评价。研究结果显示，渝东南民族地区旅游发展潜力区域差异显著；渝东南民族地区旅游发展潜力影响因素前两位分别为旅游资源和旅游保障能力；综合旅游发展潜力来看，渝东南旅游发展潜力强的有武隆区、石柱县，发展潜力中等的为黔江区、酉阳县，旅游发展潜力弱的为秀山县、彭水县。因此，要通过加强区域合作，缩小区域差距，活化民族文化资源，改善旅游发展环境，加大旅游营销力度，做大做强渝东南民族地区旅游产业。[1]

6. 民族地区旅游与民族文化研究

王生鹏、钟晓焘以北川羌族自治县为具体案例对全域旅游背景下羌族传统文化的重构与保护问题进行了研究，指出随着全球经济一体化进程的不断加快，各文化间日益出现同质化现象，保护民族传统文化多样性的问题成为研究者关注的焦点问题。20世纪80年代，对传统文化的探讨主要基于一种静态保护的视角，忽略了文化变迁和重构的现实。“全域旅游”概念的提出提供了通过全域旅游示范区创建，依托文化重构来实现民族传统文化动态保护的可能。[2]

二、民族地区旅游业发展情况

2018年，我国旅游业继续保持两位数的增幅，发展势头良好。国内游客55.4亿人次，比2017年增长10.8%；国内旅游收入5.97万亿元，增长12.3%。[3]具体情况如表1、表2所示。2018年，民族地区旅游业以贵州省、云南省为代表，成绩突出，双双跻身全国旅游总收入的前十位。特别值得关注的是，贵州省旅游总人次达到9.69亿人次，高居全国首位，成为全国最受欢迎的旅游目的地省份，也是全国唯一一个旅游人次超过9亿的省份，同时

[1] 向雨川，杨晓霞. 基于TOPSIS法的渝东南民族地区旅游发展潜力评价研究［J］. 西南师范大学学报（自然科学版），2018（12）：67-74.

[2] 王生鹏，钟晓焘. 全域旅游背景下民族文化重构与保护——以北川羌族自治县为例［J］. 西北民族大学学报（哲学社会科学版），2018（4）：171-177.

[3] 参见《中华人民共和国2018年国民经济和社会发展统计公报》。

旅游总收入达到9471亿元，位居全国第六，这两项指标都创造了民族地区旅游发展前所未有的历史记录。云南省作为旅游大省，旅游总收入位居全国第七，也创造了历史上的较佳成绩。新疆作为民族地区和全国最具潜力的旅游目的地是继贵州之后旅游业呈现井喷态势的省域旅游目的地。2018年，新疆旅游人次和旅游收入同比增长幅度分别为40.1%和41.6%，高居全国第一，分别是全国平均增长幅度的3.7倍和3.38倍。总体来看，民族八省区中绝大部分省区发展增速都要远高于全国旅游发展的平均增速。从接待游客人次上看，2018年高于全国平均增速的有贵州、云南、青海、内蒙古、西藏和新疆6个省区；从旅游总收入上看，2018年高于全国平均增速的有贵州、云南、青海、内蒙古、广西和西藏6个省区。

表1　2018年我国旅游接待游客情况

排名	省、市、区	接待游客（亿人次）	较2017年增幅（%）
1	贵州	9.69	30.2
2	山东	8.60	10.3
3	江苏	8.18	9.6
4	河南	7.86	18.2
5	湖南	7.53	12.5
6	湖北	7.27	13.8
7	安徽	7.27	15.2
8	四川	7.02	4.9
9	山西	7.00	25.5
10	江西	6.92	19.7
11	浙江	6.91	8.7
12	广西	6.83	30.6
13	河北	6.80	18.5
14	云南	6.64	17.0
15	陕西	6.30	20.5
16	重庆	5.97	10.1
17	辽宁	5.65	11.7
18	广东	4.88	10.4

续表

排名	省、市、区	接待游客（亿人次）	较 2017 年增幅（%）
19	福建	4.60	20.3
20	上海	3.49	7.1
21	北京	3.10	4.6
22	甘肃	3.02	26.0
23	天津	2.29	9.1
24	吉林	2.21	15.2
25	黑龙江	1.82	11.0
26	新疆	1.50	40.1
27	内蒙古	1.30	12.0
28	海南	0.76	11.8
29	香港	0.65	11.4
30	青海	0.42	20.7
31	澳门	0.36	9.8
32	西藏	0.34	31.5
33	宁夏	0.33	7.8
34	台湾[1]	—	—
全国		55.4	10.8

数据来源：根据各省市区《2018 年国民经济和社会发展统计公报》资料整理。

表 2　2018 年民族八省区旅游收入情况

排名	地区	旅游收入（亿元）	较 2017 年增幅（%）
6	贵州	9471	33.1
7	云南	8450	22.0
12	广西	7620	36.6
22	内蒙古	4011	16.6
24	新疆	2579	41.6
28	西藏	490	29.2
29	青海	466	22.2
31	宁夏	296	6.47

数据来源：根据各省市区《2018 年国民经济和社会发展统计公报》资料整理。

[1] 台湾地区数据缺失。

（一）民族地区旅游业发展概述

1. 内蒙古自治区

2018 年，内蒙古全区接待旅游者 13044.2 万人次，比 2017 年增长 12.0%；实现旅游总收入 4011.4 亿元，比 2017 年增长 16.6%。[1]2018 年，内蒙古旅游业取得的成绩主要有以下几个方面。一是在原有的成吉思汗陵景区、满洲里中俄边境景区、阿尔山—柴河景区、响沙湾景区 4 个 5A 级景区基础上，克什克腾石阵景区成功晋升国家 5A 级旅游景区，全区 5A 级旅游景区达到 5 个。二是满洲里市获批为全国首批边境旅游试验区，形成夏冬两季旅游主打产品。夏季旅游以草原旅游为核心，大力推动呼伦贝尔草原旅游区、格根塔拉草原旅游中心、乌拉盖草原旅游区建设；冬季旅游以冰雪旅游为核心，大力推动满洲里中俄蒙三国冰雪旅游节、内蒙古冰雪那达慕、阿尔山冰雪旅游节等冰雪旅游活动产品。三是推进蒙古族传统文化与旅游产品相融合，成功打造了第十五届"蒙古族服装服饰艺术节"和推出了以"赏花寻味"为主题的"内蒙古味道"美食嘉年华活动。四是围绕旅游精准扶贫工作，进一步发挥旅游精准扶贫在扶贫攻坚中的重要作用。对全区旅游产业扶贫情况进行调查，召开了全区旅游扶贫推进会，印发了《内蒙古自治区旅游扶贫三年行动计划（2018—2020）》；全面推动旅游扶贫示范项目创建工作，重点推动了呼和浩特市武川县吉恒太农家院等 70 个旅游扶贫示范项目创建；举办了全区乡村旅游培训班。通过发展乡村旅游，带动 34513 户贫困户和 86035 人有效脱贫。

2. 西藏自治区

2018 年，西藏在旅游人次和旅游收入上实现迅猛增长，两项指标均远远高于全国平均水平。全年接待游客首次突破 3000 万人次，达 3368.7 万人次，同比增长 31.5%，为 2013 年以来增幅最大的一年；实现旅游收入 490 亿元，增长 29.2%。[2]2018 年，西藏大力推动特色旅游文化产业全域发展，积极进

---

[1] 参见《内蒙古自治区 2018 年国民经济和社会发展统计公报》。

[2] 王沁鸥."冬游西藏"助推西藏年接待游客首破 3000 万人次［EB/OL］.（2019-01-10）［2019-03-08］. http://www.010lm.com/a/2019/0110/49417.html .

行“地球第三极”品牌建设，在两轮“冬游西藏”活动中实施了部分A级景区免费参观，酒店、车辆、航空等费用优惠的旅游营销措施，大力促进旅游业全年均衡发展。生前，“冬游西藏”已成为西藏冬季旅游的新品牌，色林错、阿里大峡谷、易贡等景区成为新焦点景区。

3. 新疆维吾尔自治区

新疆维吾尔自治区2018年旅游业发展极为迅猛，在旅游人次和旅游收入增幅方面大大高于全国平均水平，高居全国首位，旅游业成为拉动新疆经济发展的重要产业。2018年，接待游客15024.89万人次，比2017年增长40.1%；旅游总消费2579.71亿元，增长41.6%；实现旅游就业176.72万人，同比增长21.80%。新疆高度重视旅游业的战略地位，将其定位为最具潜力和前景的重要支柱产业，全面实施旅游兴疆战略。在品牌打造上，以“新疆是个好地方”为目的地核心形象品牌，进一步形成了新疆国家沙漠公园、新疆特色小镇、新疆旅游服务名牌等31个子类的旅游品牌体系。在跨境旅游合作上，顺利完成了《环阿尔泰中俄哈蒙四国跨境旅游合作区发展规划》的编制和评审工作，使北疆成为中国对外开放的桥头堡，为“‘一带一路’，旅游先行”迈出了坚实的步伐，为打造世界级目的地奠定了重要基础。在产品建设上，成功打造了10条自驾游精品线路，新增10条航线和铁路旅游线路产品，推出10条冬季精品线路，重点营销“坐着火车游新疆”旅游产品，开通北疆冰雪旅游专列，实现了“畅览南疆”旅游快车常态化；依托塔城、克拉玛依、巴州、伊犁、阿克苏五地成立独库公路旅游联盟，打造独库公路旅游精品品牌；以环塔拉力赛、库木塔格沙山公园沙漠越野赛、环赛里木湖自行车赛等知名运动赛事为重点，打造赛事旅游品牌。

4. 广西壮族自治区

2018年，广西旅游业持续高速增长，全年接待国内外游客6.83亿人次，同比增长30.6%，实现旅游总消费7619.90亿元，同比增长36.6%。[1]具体成

[1] 参见《2018年广西壮族自治区国民经济和社会发展统计公报》。

绩主要有：一是大力推进国家、自治区两级全域旅游示范区和广西特色旅游名县创建。目前，广西共有 19 家国家全域旅游示范区创建单位，62 家自治区级全域旅游示范区创建单位。全区 111 个县市区中的 81 个县市区参与了全域旅游示范区创建。二是以重大项目为抓手，有力推动了桂林万达文化旅游城、凌云浩坤湖旅游度假区、中信国安·北海第一城、创道资本·扶绥龙谷湾恐龙公园等一批重大和特色旅游项目建设。三是实施重点区域推动战略，桂林国际旅游胜地、北部湾国际旅游度假区、巴马长寿养生国际旅游区、中越边关风情旅游带国际旅游目的地加快建设。此外，防城港获批国家边境旅游试验区、举办“壮族三月三·八桂嘉年华”文化旅游活动，打造“冬游广西”品牌及“广西特产行销全国”活动，成为广西旅游发展的新亮点。

5. 宁夏回族自治区

2018 年，宁夏全区国内旅游和入境旅游发展增速放缓，主要旅游经济指标稳中有进。全区接待国内外游客 3344.70 万人次，同比增长 7.78%，实现旅游总收入 295.68 亿元，同比增长 6.47%。其中，接待国内游客 3335.88 万人次，同比增长 8.36%；实现国内旅游收入 291.90 亿元，同比增长 6.06%。[1] 在全域旅游创建工作方面，宁夏是全国仅有的两家国家全域旅游示范区省级创建单位之一，2018 年以银川市、大武口区、红寺堡区为重点全面推进国家全域旅游示范区创建工作。在重点项目推进方面，银川三沙源国际生态文化旅游及休闲度假园项目、西夏区贺兰山东麓葡萄文化旅游产业示范基地建设项目、银川长城神秘西夏文创园项目作为全区 2018 年重点建设项目，获得稳步推进。在景区建设方面，青铜峡黄河大峡谷旅游区、六盘山长征景区等国家 5A 级景区得以创建提升，盐池哈巴湖生态旅游区、大武口奇石山景区成功创建国家 4A 级景区。红色游、温泉游、乡村游、生态游、养生游、研学游、自驾游、度假游等新业态增长迅速，成为新的经济增长点。

6. 贵州省

近年来，贵州省确立了“山地公园省·多彩贵州风”的品牌和“民族特

[1] 参见《2018 年宁夏旅游经济发展统计公报》。

色文化强省、国家全域旅游示范省、世界一流山地旅游目的地”的三大战略目标，并以跨越式发展为核心战略，推动旅游业飞速增长，形成了引人注目的旅游领域中的“贵州路径”。2018 年，贵州全年旅游总人数 9.69 亿人次，比 2017 年增长 30.2%；旅游总收入 9471.03 亿元，增长 33.1%。其具体成绩有：一是梵净山晋升为世界自然遗产和 5A 级旅游景区；二是赤水河谷获评国家级旅游度假区，实现了贵州省国家级旅游度假区零的突破。目前，贵州省 5A 级景区达到 6 个，比 2017 年末增加 1 个，4A 级旅游景区 111 个，增加 16 个。全国重点文物保护单位 71 个，省级乡村旅游示范区（村）131 个，乡村旅游扶贫重点村 2422 个。[1] 旅游精准扶贫继续深入推进，在贵州各民族自治州和自治县脱贫攻坚中发挥着特殊作用，全年带动 30.3 万贫困人口受益增收。

7. 云南省

2018 年，云南省旅游业总体增长速度超过全国平均水平，全年接待游客 6.64 亿人次，较 2017 年增长 17%；旅游总收入 8450 亿元，较 2017 年增长 22%。2018 年，云南省以旅游发展质量提升为主题，提出“健康旅游目的地”和“健康生活目的地”的战略定位，对应“游客旅游自由自在”和“政府管理服务无处不在”的体验和服务目标，树立“全域旅游”的发展理念，全面实施“一部手机游云南”的“智慧旅游”平台建设举措，深入推进“旅游革命”，从全面诚信建设、严格市场治理、提升旅游管理服务水平等方面提高旅游工作的水平，推动了云南旅游产业的整体转型升级和提质优化。

8. 青海省

青海省 2018 年接待国内外游客 4204.38 万人次，比 2017 年增长 20.7%；实现旅游总收入 466.30 亿元，增长 22.2%。[2]2018 年，青海省进一步明确了“中华民族特色文化旅游目的地、国家生态旅游目的地、国家丝绸之路战

[1] 参见《2018 年贵州省国民经济和社会发展统计公报》。

[2] 参见《青海省 2018 年国民经济和社会发展统计公报》。

略支点上新兴的黄金旅游目的地”的战略定位，以昆仑文化、河湟文化为内核，以文旅融合为主线，“智慧旅游”为平台，全域化、全季化、多元化地推动文化旅游产业发展，全域旅游发展格局初步形成。2018 年，新增 12 万农牧民吃上“旅游饭”，旅游业对青海省经济社会发展的促进作用更加凸显。

（二）重要事件

1. 民族地区 30 个旅游项目入选全国金融支持旅游扶贫重点项目

按照 2018 年 11 月 13 日《文化和旅游部 国务院扶贫办 中国农业发展银行关于印发全国金融支持旅游扶贫重点项目推荐名单的通知》公布的名单，经有关省（区、市）推荐，文化和旅游部、国务院扶贫办、中国农业发展银行审核研究，全国共有 57 个项目被列入全国金融支持旅游扶贫重点项目推荐名单，其中民族地区共有 30 个项目被列为旅游扶贫重点项目，占总项目数的 53%，充分体现了国家层面对民族地区旅游的金融支持力度（见表 3）。

表 3　民族地区旅游全国金融支持旅游扶贫重点项目

序号	省区	项目名称
1	内蒙古	通辽市奈曼旗白音他拉苏旅游小镇建设项目
2	广西	钟山县钟山十里画廊旅游扶贫项目
3	贵州	仁怀市中国酒都·华夏民族酒文化博览园建设项目
		龙里县龙里水乡旅游生态城项目
		务川县石朝扶贫旅游建设项目
		六枝特区牂牁江景区文化旅游扶贫项目
		水城县水城悠然山居乌蒙康养小镇建设项目
4	云南	毕节市织金洞风景名胜区升级改造项目
		景洪市中林西双版纳雅德秘依旅游度假区建设项目
		禄劝县三江口温泉旅游度假区项目
		大理市双廊小镇暨全域旅游（一期）项目
		景洪市西双版纳风景名胜区傣族园改建项目
		香格里拉县独克宗古城提质扩容（月光城旅游小镇）建设项目
		维西县旅游扶贫先行示范项目一期工程项目
		宜良县九乡旅游区项目

续表

序号	省区	项目名称
5	青海	循化县撒拉尔水镇旅游综合开发项目
		乌兰县茶卡盐湖东景区（天空壹号）项目
6	辽宁	本溪县桓仁旅游基础设施升级改造建设项目
		岫岩县重点旅游景区基础设施扶贫建设项目
7	湖南	花垣县城乡一体化二期工程（湘西边城风情小镇旅游开发项目）
		张家界市七星山观光火车项目
		龙山县里耶文化生态景区旅游基础设施专项工程建设项目
		通道县百里侗文化长廊基础设施建设项目（一期）
		张家界市天泉山国家森林公园旅游基础建设项目
8	湖北	五峰县武陵山片区旅游深度开发项目
9	海南	保亭县神玉岛文化旅游度假区项目
		保亭县呀诺达雨林文化旅游区项目
10	四川	九寨沟县九寨沟生态旅游度假区基础设施建设项目
		理县孟屯河谷风景区生态旅游项目
		理县古尔沟温泉小镇项目

资料来源：根据《文化和旅游部 国务院扶贫办 中国农业发展银行关于印发全国金融支持旅游扶贫重点项目推荐名单的通知》(文旅资源发〔2018〕95号）资料整理。

2. 国务院颁布内蒙古满洲里和广西防城港边境旅游试验区建设实施方案

2018年3月30日，文化和旅游部等10部门正式颁布了《关于印发内蒙古满洲里、广西防城港边境旅游试验区建设实施方案的通知》，标志着国务院正式同意设立内蒙古满洲里、广西防城港边境旅游试验区，成为新时代在旅游领域全面深化改革的重大顶层设计，是充分发挥旅游业作用、推进“一带一路”建设、实施兴边富民行动及推动形成全面开放新格局的重要举措。同时，文件要求，内蒙古自治区、广西壮族自治区人民政府要高度重视，紧抓机遇，加强组织领导，完善推进机制；试验区所在地人民政府要建立工作机制，制定配套政策，落实工作责任，强化政策集成和制度创新，积极探索全域旅游发展模式，改革创新边境旅游发展制度体系，积极将旅游业打造成边境支柱产业，确保目标任务如期实现。

3. 贵州省遵义市赤水河谷旅游度假区、西藏自治区林芝市鲁朗小镇旅游度假区获批为国家级旅游度假区

依照中华人民共和国国家标准《旅游度假区等级划分》与《旅游度假区等级管理办法》，经有关省（自治区、直辖市）旅游度假区质量等级评定机构推荐，全国旅游资源规划开发质量评定委员会组织评定，贵州省遵义市赤水河谷旅游度假区、西藏自治区林芝市鲁朗小镇旅游度假区达到国家级旅游度假区标准的要求，被确定为国家级旅游度假区。

4. 国家旅游局、国务院扶贫办公布中国“西部行”自驾游精品旅游线路

2018 年 1 月 15 日，国家旅游局和国务院扶贫办共同发布的《国家旅游局、国务院扶贫办关于公布中国“西部行”自驾游精品旅游线路的通知》强调，自驾游是一种新兴旅游方式，是适应深度贫困地区基础设施实际、旅游资源现状、环境承载力及推动当地旅游业发展的一种重要业态。为深入贯彻党的十九大精神和中央经济工作会议精神，全面落实中共中央办公厅、国务院办公厅《关于支持深度贫困地区脱贫攻坚的实施意见》，进一步发挥好自驾游在深度贫困地区旅游扶贫中的重要作用，更好满足人民群众的旅游消费新需求，带动更多贫困地区和贫困人口通过参与旅游、发展旅游来促进脱贫，国家旅游局、国务院扶贫办认定了 318 川藏线等十条线路为中国“西部行”自驾游精品旅游线路（见表 4）。

5. 内蒙古自治区赤峰市阿斯哈图石阵旅游区、广西壮族自治区崇左市德天跨国瀑布景区、贵州省铜仁市梵净山旅游区晋升为国家 5A 级景区

2018 年 10 月 17 日，全国旅游资源规划开发质量评定委员会发布公示，根据《旅游景区质量等级的划分与评定》和《旅游景区质量等级管理办法》，全国旅游资源规划开发质量评定委员会组织评定，内蒙古自治区赤峰市阿斯哈图石阵旅游区、广西壮族自治区崇左市德天跨国瀑布景区、贵州省铜仁市梵净山旅游区 3 家景区达到国家 5A 级旅游景区标准要求，被确定为国家 5A 级旅游景区，占此次全国 9 家晋升 5A 级景区总数的 33%。

表 4　中国“西部行”自驾游精品旅游线路

线路名称	主要节点	线路总体情况	沿线景区	辐射带动民族贫困地区
318 川藏线	成都—雅安—石棉—康定—新都桥—雅江—理塘—巴塘—左贡—八宿—然乌—波密—墨脱—林芝—拉萨	318 川藏线是指 318 国道中四川成都至西藏拉萨段，约 2200 公里。途径四川省、西藏自治区，属于川藏公路南线的一部分	四川：碧峰峡、泸定桥、海螺沟、木格措等；西藏：天路 72 拐、然乌湖、来古冰川、米堆冰川、鲁朗林海、巴松措、措木及日、米拉山、布达拉宫、大昭寺等	四川：甘孜藏族自治州（雅江县、理塘县、巴塘县）；西藏：昌都地区（芒康县、左贡县、八宿县）、林芝地区（波密县、林芝县、工布江达县）、拉萨市（墨竹工卡县）
青藏线	西宁—湟中—共和—格尔木—安多—那曲—当雄—拉萨	青藏线是指青海西宁至西藏拉萨段，约 2000 公里。该线路平均海拔在 4000 米至 5000 米左右，由京藏高速公路和 109 国道组成	青海：塔尔寺、日月山、青海湖、茶卡盐湖、可可西里、昆仑山、不冻泉、玉珠峰、唐古拉山等；西藏：纳木错、羊八井、布达拉宫、大昭寺等	青海：西宁市（湟中县）、海南藏族自治州（共和县）、海西蒙古族藏族自治州（格尔木市）；西藏：那曲地区（安多县、当雄县、堆龙德庆县）、拉萨市（墨竹工卡县）
滇藏线	昆明—大理—丽江—迪庆—德钦—芒康—左贡—八宿—然乌—波密—墨脱—林芝—拉萨	滇藏线是指云南昆明至西藏拉萨段，约 2300 公里。该线路经西藏芒康、左贡，与川藏公路南线（318 国道）相接，是云南到西藏的重要通道	云南：大理古城、丽江古镇、玉龙雪山、普达措、松赞林寺、梅里雪山等；西藏：天路 72 拐、然乌湖、来古冰川、米堆冰川、鲁朗林海、巴松措、措木及日、米拉山、布达拉宫、大昭寺等	云南：迪庆藏族自治州（香格里拉市、德钦县）；西藏：昌都地区（芒康县、左贡县、八宿县）、林芝地区（波密县、林芝县、工布江达县）、拉萨市（墨竹工卡县）
丝绸之路河西走廊线	兰州—武威—张掖—嘉峪关—敦煌—哈密—吐鲁番—乌鲁木齐—那拉提—伊宁—霍尔果斯	丝绸之路河西走廊线是指从甘肃兰州至新疆霍尔果斯段，约 3200 公里。由连霍高速、京新高速组成，连接了丝绸之路上的重要旅游城市和节点	甘肃：雷台汉墓、七彩丹霞、嘉峪关、莫高窟、鸣沙山月牙泉、雅丹地貌等；新疆：吐鲁番葡萄沟、坎儿井、天山天池、国际大巴扎、那拉提草原、霍尔果斯口岸等	甘肃：武威市（天祝县）
甘南川西线	兰州—临夏—夏河—碌曲—玛曲—阿坝—若尔盖—迭部	甘南川西线是指从甘肃兰州经四川阿坝，折返至甘肃迭部段，约 1100 公里	甘肃：拉卜楞寺、桑科草原、郎木寺、扎尕那、腊子口等；四川：若尔盖草原、花湖、九寨沟、黄龙等	甘肃：甘南藏族自治州、临夏回族自治州（临夏市、临夏县、康乐县、永靖县、东乡县、广河县、和政县、积石山县）；四川：阿坝藏族自治州

续表

线路名称	主要节点	线路总体情况	沿线景区	辐射带动民族贫困地区
青海环线	西宁—湟中—贵德—共和—玛多—玉树—囊谦—杂多—曲麻莱—格尔木—德令哈—乌兰—湟源—西宁	青海环线是指青海西宁经海南州、果洛州、玉树州、海西州返回至西宁，由共玉高速、109国道、京藏高速等路段组成，平均海拔4000米左右的高原线路，约2800公里	塔尔寺、青海湖、扎陵湖、鄂陵湖、黄河源、文成公主庙、嘉纳玛尼石堆、三江源、水上雅丹、外星人遗址等	西宁（湟中县、湟源县）、海南藏族自治州（共和县、贵德县）、果洛藏族自治州（玛多县）、玉树藏族自治州（玉树市、称多县、囊谦县、杂多县、治多县、曲麻莱县）、海西蒙古族藏族自治州（德令哈市、格尔木市、乌兰县）
新疆南疆线	库尔勒—轮台—库车—阿克苏—阿图什—喀什—和田	新疆南疆线是指库尔勒至和田段，约1800公里。途径库车、阿克苏、喀什地区	孔雀河、铁门关、轮台胡杨林、库车大峡谷、克孜尔石窟、喀什老城、慕士塔格峰、塔克拉玛干沙漠等	阿克苏地区、克孜地区、喀什地区、和田地区
四川线	攀枝花—西昌—石棉—雅安—成都—都江堰—汶川—马尔康—色达—炉霍—甘孜—德格	四川线是指由攀枝花到德格段，途径四川省凉山州、雅安市、成都市、阿坝州、甘孜州等重要旅游州市，约1600公里	邛海、碧峰峡、都江堰、青城山、汶川、五明佛学院、德格印经院等	凉山彝族自治州、阿坝藏族羌族自治州、甘孜藏族自治州
西藏山南线	拉萨—贡嘎—扎囊—乃东—琼结—玉麦乡	西藏山南线是指拉萨至玉麦乡段，约500公里	布达拉宫、大昭寺、羊卓雍措、昌珠寺、雍布拉康、拉姆拉措等	山南地区
云贵线	丙中洛—保山—大理—昆明—兴义—安顺—贵阳—遵义—仁怀—赤水	云贵线是指云南丙中洛至贵州赤水段，约2000公里	云南：怒江大峡谷、洱海、崇圣寺三塔等；贵州：万峰林、马岭河峡谷、晴隆24道拐、黄果树瀑布、龙宫、青岩古镇、遵义会议会址、茅台古镇、习水古城、赤水丹霞等	云南：怒江傈僳族自治州；贵州：黔西南布依族苗族自治州

资料来源：根据《国家旅游局、国务院扶贫办关于公布中国“西部行”自驾游精品旅游线路的通知》整理而成。

三、民族地区旅游发展存在的现实困境

2018 年，以民族八省区为主要代表的民族地区的旅游业取得了诸多成绩，以“快于全国旅游业增长和快于本省区其他产业增长”的“两个快于”发展速度，持续高速发展，在某些单项指标上居于全国领先地位，整体上创造了历史上的最佳成绩。然而，我国民族地区旅游业在快速发展过程中，也存在着一些不容忽视的问题。其中，一些问题是全国各省区市普遍存在的问题，一些问题则是民族地区旅游业发展中存在的特殊问题，必须引起高度重视。

（一）如何正确处理少数民族传统文化资源的合理开发和有效保护问题仍待进一步思考

在旅游发展过程中，非民族地区的传统文化开发和保护一直是一个热点问题。民族地区少数民族传统文化具有特殊地位、独特意义，因此，民族地区旅游业发展中的少数民族传统文化的开发和保护问题备受关注。某种意义上，没有少数民族的传统文化也就不可能存在所谓的民族地区旅游。因此，民族地区旅游业以少数民族传统文化为核心资源，这决定了对少数民族传统文化的合理开发利用成为民族地区旅游发展最终成功与否的关键所在。然而，在具体实践中，如何正确处理少数民族传统文化的开发利用与传承保护的关系是一个现实难题，当前旅游开发中的过度商品化和保护中的绝对化则正是这种关系没有得以理顺的直接体现。其导致了以下两种极端结果。

一是过度商品化导致文化异化。旅游人类学认为，从东道主的视角来看，旅游业是东道主社会的一种涵化和发展方式。东道主社会通过旅游业来实现发展必然导致东道主地区文化快速甚至急剧涵化，而文化异化则是这种急剧涵化的可能结果。一方面，民族地区旅游业发展日益沦陷于以资本逐利为核心的市场逻辑，体现为所有的少数民族传统文化都完全按照市场经济的

规律被进行再生产、包装和出售，呈现文化的过度商品化，更为重要的是成为商品的文化因为“异化”为商品而不再具有传统文化语境中的“真实性”。另一方面，由于人是文化的最大载体，大量作为外来强势文化载体的游客持续不断的涌入，使得强势外来文化与东道主社会传统文化持续而全面地接触，造成了东道主社会文化短期内的急剧变迁，从而导致当地文化的异化。文化异化的直接表现是当前民族地区旅游发展中频频出现“文不对题”的文化转义、“生搬硬套”的文化嫁接，“无中生有”的文化臆造。我们必须对此高度警惕。

二是保护绝对化导致的发展异化。传统文化保护中的绝对化和机械化使得一些民族地区把“传统”错误理解为“一成不变”的东西，不能接受传统文化的任何变迁，因而视旅游开发为洪水猛兽，拒绝任何形式的传统文化利用。一些民族地区脱离当地经济社会发展的阶段性背景，不以“人”这一文化的根本载体为“本”，追求绝对的和“一成不变”的传统文化保护，导致由于当地少数民族人口的分散外流，很多传统文化被抛弃而加速消亡，地方经济社会发展更是出现停滞不前的发展异化。值得注意的是，如果民族地区少数民族传统文化保护的主体不是当地少数民族本身，而是基于外来者的立场、视角和利益，那么这一种保护反而明显制约和影响了当地少数民族经济社会发展。

（二）民族地区经济基础薄弱，旅游内生发展能力不足问题仍待进一步解决

我国民族地区旅游发展的最大优势是良好的生态环境和多元的特色民族文化，但民族地区恰恰多为区位偏远、经济欠发达的老少边穷地区。从政府财政收入、人均可支配收入、社会消费品零售总额等主要发展指标来看，以民族八省区为代表的民族地区经济基础较为薄弱，政府调动资源的能力及社会发展潜力有限，社会消费市场活跃度较差，经济发展水平和发达中东部地区比较差距巨大。在我国民族地区经济社会发展的现实中，民族地区旅游业并不是民族地区经济社会发展到一定阶段的产物，而是民族地区为满足发达地区经济社会发展到一定阶段后对旅游产品的巨大需求而所出现的产物。这种情况下，支撑民族地区旅游发展的力量既有外来的发达地区的市场力量，又有民族地区本地内生的经济社会发展推动力量。无论是旅游产品的打造，还是基础设施的完善，从可持续性发展角度来看决定性力量还是民族地区内生经济社会发展能力。旅游业是投资大、周期长、成效慢的产业，需要大量的资金投入和较长的建设周期，而当前绝大部分民族地区经济基础较为薄弱，旅游内生发展能力不足，成为民族地区旅游业发展的最大制约因素之一。

（三）民族地区可进入性较差，基础设施建设仍需进一步提升

可进入性和基础设施始终是旅游发展的前提问题和基础问题。可进入性问题的解决为旅游发展提供可能，基础设施问题为旅游发展提供保障。我国民族地区多位于交通不便的西部地区，远离珠三角、长三角和京津冀三大旅游客源市场，加之民族地区本身地域辽阔、地理地貌复杂、内部交通条件较差，导致了出游时间长、出游成本高的“行大于游”的可进入性问题。在很大意义上，交通格局决定了旅游格局，民族地区的可进入性问题，成为制约其旅游发展的最根本和最现实问题。除了交通基础设施落后外，水、电、通信等基础设施也是民族地区旅游业发展面临的现实制约因素，很多民族地区风景独好、文化独特、民风淳朴、生态优越，但因为路、水、电、通信等基础设施条件有限，导致当地留不下人，旅游业始终不能真正进入正轨。近年来，可进入性问题和基础设施问题的根本解决推动当地旅游业井喷式发展最为成功的例子是贵州省。“地无三里平”的贵州，在成为高铁枢纽省份和中国大数据中心后，旅游业突飞猛进，实现了跨越式发展，成了民族地区旅游业发展的领头羊和位居前列的全国旅游大省。

（四）民族地区人口教育程度较低，旅游人才严重欠缺，管理服务水平滞后亟须进一步重视

人才是最大和最核心的旅游资源。当前，我国民族地区少数民族人口受教育程度较低。相关数据显示，我国55个少数民族中，有44个少数民族平均受教育年限低于全国平均水平。此外，当前民族地区旅游业发展中各类型、各层次的旅游专业人才都较缺乏，特别是高水平本民族旅游人才的严重缺乏成为制约民族地区旅游业发展的最大的瓶颈。专业旅游人才的严重缺乏直接导致民族地区旅游业发展专业化不足，管理服务水平较低，与民族地区丰富和高品质的自然文化旅游资源形成鲜明对比。

四、民族地区旅游发展的战略思路

（一）以民族文化作为民族地区旅游产业的核心资源

少数民族文化是中华民族文化的重要组成部分，其内涵丰富，形态多元，是我国最重要和最丰富的旅游资源。我国与少数民族有关的考古遗迹和名胜古迹极为丰富（见表5），如距今5000—7000年的浙江省余姚县河姆渡文化遗址中发现的栽培水稻及干栏式建筑遗物，是古代百越族群的发明创造。作为国家重点文物保护单位的秦汉以来的37处古遗址中，10余处属于少数民族；作为国家重点文物保护单位的古墓葬55处中，属于少数民族的有17处；作为国家重点文物保护单位的30处石窟，其中由少数民族参与修建的有16处；国务院已批准定为有重大价值的62座历史文化名城中，至少有12座最初是由少数民族建造的；作为国家重点文物保护单位的216处古建筑物中，至少有53处是与少数民族历史和文化密不可分的；作为国家重点文物保护单位的碑、幢、柱等，28处中有9处在少数民族地区。可以看出，民族地区旅游发展的最大资源就是开发价值极为丰富的少数民族文化。少数民族文化由此成为民族地区旅游业发展的最大优势和最大潜力。因此，新时代民族地区旅游业发展必须进一步确立少数民族文化的核心资源地位，围绕少数民族文化这一无穷的资源宝库，深度推进文旅融合，按照“宜融则融、能融尽融；以文促旅、以旅彰文”的原则，规划设计高品质民族文化旅游产品，最终打造出能够匹配少数民族优秀文化的一流民族文化旅游产品。

表 5　中国民族地区世界遗产名录（到 2018 年）

序号	遗产名单	遗产类型	入选时间（年）
1	甘肃敦煌莫高窟	文化遗产	1987
2	四川黄龙国家级名胜区	自然遗产	1992
3	湖南武陵源国家级名胜区	自然遗产	1992
4	四川九寨沟国家级名胜区	自然遗产	1992
5	西藏布达拉宫（大昭寺、罗布林卡）	文化遗产	1994
6	云南丽江古城	文化遗产	1997
7	云南“三江并流”自然景观	自然遗产	2003
8	吉林高句丽王城、王陵及贵族墓葬	文化遗产	2004
9	中国南方喀斯特	自然遗产	2007
10	开平碉楼与古村落	文化遗产	2007
11	元上都遗址	文化遗产	2012
12	新疆天山	自然遗产	2013
13	红河哈尼梯田文化景观	文化遗产	2013
14	丝绸之路：长安－天山廊道的路网	文化遗产	2014
15	土司遗址	文化遗产	2015
16	左江花山岩画文化景观	文化遗产	2016
17	湖北神农架	自然遗产	2016
18	可可西里	自然遗产	2017
19	贵州梵净山	自然遗产	2018

注：根据网络相关资料整理。

（二）以产品创新形成民族地区旅游业可持续发展的根本动力

民族文化产品创新对区域旅游经济增长具有重要作用，是民族地区旅游业可持续发展的重要动力。民族地区文化旅游产品创新主要体现在四个方面。

一是异质文化。作为民族文化旅游目的地，对异质文化的把握是发挥特色的根本，对国际要弘扬中国特色，对国内要弘扬地方特色和民族特色，对本地要弘扬自我特色。这就需要在各个方面以创新为视角，研究历史化、民族化、乡土化、个性化等问题。二是同质文化。大众化的旅游需要商业化的运作，也要求现代化的设施。从这一点来说，世界各地及国内各个旅游区都是相同的。如住宿设施、厕所设施及各类公共设施，都要提升到文化高度来认识、操作，努力达标，这就要求公共设施的国际化、现代化、标准化。三是异质文化与同质文化的有机结合。这就要求一部分相应的设施要达到异质外观，同质内涵，民族化的形式，现代化的内容。四是管理和服务文化。服务质量所体现的是综合质量，从静态角度说，包括服务项目、服务设施、服务价格；从动态角度说，包括服务观念、服务技能、服务效率和服务态度。这两大类七个方面体现出来的综合质量只有在文化的层面上才能得到全面诠释、全面把握。最终，通过产品创新实现民族地区旅游产品的品类丰富、味道厚重、细节精美、内涵与形统一和谐，达到“可看、好看、想看、耐看、反复看”的理想效果。

（三）以特色文化塑造民族地区旅游业发展的文化品牌

民族地区是我国少数民族的主要聚居区，其传统的建筑、服饰、饮食、艺术、宗教、语言、礼仪、节庆文化及相关生活习惯和生态环境等，在国内外旅游市场中形成了鲜明的目的地形象和金字招牌，成为备受海内外游客青睐的中国热点旅游目的地。每一个民族在历史发展中都创造了本民族独一无二的传统文化，一些和少数民族密切相关的重要名胜古迹，如新疆维吾尔自治区的天池，内蒙古自治区的呼伦贝尔大草原，广西壮族自治区的桂林山水，云南省路南彝族自治县的石林、西双版纳傣族自治州的橄榄坝、大理白族自治州的洱海、丽江玉龙雪山、宁蒗彝族自治县的泸沽湖，吉林省延边朝鲜族自治州的长白山，贵州铜仁地区的梵净山等，都被少数民族赋予了特别的象征意义，蕴含着少数民族传统文化的价值观。因此，必须以民族文化的独特性来打造民族地区旅游的核心市场品牌，以此形成文化旅游高地。

（四）以丰富内涵延长民族地区旅游产业链

少数民族文化的丰富内涵能够在旅游业的“吃、住、行、游、购、娱”六大消费环节中打造各种不同类型的旅游产品，全面满足游客的各种文化产品体验和消费需求。例如，娱乐环节的“印象”系列、“千古情”系列演出，有效地延长了民族地区旅游产业链，成为经典民族文化体验品牌。再如，在购物环节由于基于传统少数民族文化的手工艺品、土特产品、纪念品等旅游商品充分反映了特定少数民族的生产生活物质环境、传统宗教信仰文化和深层次的民族认同文化，其成为少数民族文化的符号和象征物，生产制作过程本身也就具有了参与性、观赏性和体验性，广受游客喜爱。因此，必须全面挖掘和拓展民族文化的丰富内涵，通过民族文化与旅游产业的深度融合，催生各种类型的文旅新业态，形成多元立体的生产消费环节和多样化的文化体验，有效延长民族地区旅游业的产业链。

（五）以深度体验铸造民族地区旅游业的根本竞争力

旅游产品的差异性或者说特色是旅游产业是否具有竞争力的关键所在，而这一差异性或特色根本上是由文化体验决定的。某种意义上说，旅游业的竞争力直接体现在文化的竞争力上，而民族地区旅游业更是如此。民族地区旅游业如何按照文化逻辑和市场规律深入挖掘文化内涵、创新旅游产品、为游客提供深度特色文化体验，决定了民族地区旅游业拥有什么样的竞争力。因此，民族地区旅游业必须深深根植本地少数民族传统文化，深挖主题，创新形式，凝练特色，提升品位，铸造灵魂，“以后工业化的视角，挖掘前工业化的文化，打造超工业化的产品，应对不断变化的市场”[1]；通过文化竞争力应对市场竞争要求，提供深度特色文化体验，打造核心文化旅游产品，最终塑造标志文化品牌，形成核心竞争力。

[1] 魏小安，路保林，刘旋．凤凰岭上凤凰游——试论凤凰岭的未来发展［J］．中关村，2013（7）：49.

中国少数民族非物质文化遗产传承保护态势

王　丹*

2018年，中国少数民族非物质文化遗产保护发展工作取得长足进步，已然成为弘扬中华优秀传统文化及展示“文化自信”的具体表现形式。近年来，中国少数民族非物质文化遗产的保护发展多层面、多渠道、多形式地借助国家文化和旅游部、中国文学艺术界联合会、中国民间文艺家协会等提供的良好平台和有利条件，积极组织、展开和协调多项重大工程和调研项目，并且利用相关成果服务文化发展改革的众多领域，在政策、理论、应用等方面不断拓展和深化。在中国少数民族非物质文化遗产保护发展工作中，各主体单位坚持“见人见物见生活”的理念，以能力建设为核心，以巩固抢救保护成果、提高保护传承水平为目标，全面推进各项工作，使非物质文化遗产保护发展的“中国经验”的内涵不断被丰富和完善。有效实施中国少数民族非物质文化遗产顶层设计的智力成果，大力宣传中国少数民族非物质文化

* 王丹，教育部人文社会科学重点研究基地中央民族大学中国少数民族研究中心、少数民族事业发展协同创新中心副教授。

遗产向上向善的文化价值，对于满足人民日益增长的美好生活需要具有重要作用，也是践行习近平新时代中国特色社会主义思想的生动体现。

2018 年 6 月 6 日，时任文化和旅游部副部长的项兆伦在《人民日报》上刊文："非物质文化遗产是我国优秀传统文化的重要组成部分，它就在我们的生活中。非物质文化遗产的当代实践，是优秀传统文化与现实生活相融合，实现创造性转化和创新性发展的过程。"通过 2018 年非物质文化遗产实践的深入开展，中国少数民族非物质文化遗产在传统节庆、传统工艺、传统表演艺术及口头文学等领域愈加活跃，无论是与少数民族民众生活密切相关的各类民俗事象，抑或是富有文艺和商业气息的文创产品，均以中华文化传统为基石，展现出多姿多彩的样貌和形态。特别是包括传统工艺振兴计划、传承人群研培计划等在内的多项涵盖少数民族非物质文化遗产保护的专项计划的推进，一大批极具民族风格、地域特色和现代形式的非物质文化遗产产品进入市场，收到了良好反馈。活态的少数民族非物质文化遗产的传承、发展和创新正是文化本身的魅力展现，是弘扬社会主义核心价值观、助力乡村振兴与精准扶贫、构筑中华民族共有精神家园的有效路径和有力举措。

一、以传承人群研培为抓手，推进少数民族非物质文化遗产传承能力建设

能力建设是中国少数民族非物质文化遗产保护发展中的重要内容，也是关乎少数民族非物质文化遗产传承发展工作全局的核心问题。2018 年，在文化和旅游部的指导下，多方联动，确立了以传承人保护为核心的方针，并创新工作方式方法，开展了一系列与能力建设相关的研究与实践。

少数民族非物质文化遗产是整体的文化现象，是与民众生活紧密相连的文化复合体。从能力建设出发，少数民族非物质文化遗产的传承凝聚了传承人对生活的感悟与体会，是融入了他们的生活智慧及创造力的实践活动。当然，少数民族非物质文化遗产不单是具体的产物与作品，从宏观意义上看，它是人们生活中可见、可触、可感的生活事实。中国少数民族非物质文化遗产传承能力建设，就是保护与民众生活密切相关的文化本身，力求通过能力建设这一具体路径，

在提高传承人传承能力的同时，达到保护少数民族非物质文化遗产的良好效果。

2018 年，我国少数民族非物质文化遗产在传承人培训与保护方面的层次和水平呈稳步提升的态势。财政部统计数据显示，自 2013 年中央财政投入非物质文化遗产保护经费以来，5 年内累计投入 53 亿元，地方财政累计投入非物质文化遗产保护经费 39 亿元。中央财政安排 12.7 亿元建设了 175 项非物质文化遗产保护利用设施，国家级非物质文化遗产代表性项目传承人的传习补助经费也由每年 1 万元提高到每年 2 万元。2018 年，全国确定的 112 所院校积极参与文化和旅游部、教育部、人力资源和社会保障部联合实施的“中国非物质文化遗产传承人群研修研习培训计划”，累计举办 628 期，学员累计数量达 2.65 万人次，加上各地延伸培训，参与者更是有 9.5 万人次之多。传承人群研修研习培训通过各类教学和交流活动切实帮助非物质文化遗产传承人“强基础、拓眼界、增学养”，增强了他们的文化自信和文化自觉。

少数民族非物质文化遗产保护工作应充分尊重传承人群的主体地位，更加注重保护传承实践、传承能力和传承环境。只有保护好这一行为主体，非物质文化遗产保护才有理论意义与现实可能。文化的回归与发展，离不开社区、离不开生活、离不开一个个活生生的人。生活是少数民族非物质文化遗产传承发展的基础，生活是少数民族非物质文化遗产能力建设的基点。能力建设与传承人群培训密切关联。一方面，能力建设是非物质文化遗产传承的根本性动力与基础性工作，没有优秀的非物质文化遗产传承能力，就难以开展行之有效的非物质文化遗产保护工作；另一方面，非物质文化遗产传承人群研修研习为少数民族非物质文化遗产传承人提供了重要的学习平台。通过国家职能部门的牵线搭桥，少数民族非物质文化遗产传承人群能够在较短时间内提高自身的核心业务水平，这种能力建设上卓有成效的方式是不断拓宽传承人群培训途径的有效尝试。能力建设与传承人群培训是一体两位的关系，或者说，传承人通过培训使个人能力得到高效提升。少数民族非物质文化遗产传承能力建设最有代表性的活动就是各类传承人群研修研习培训班的举办，传承人的能力培养已经被纳入社会教育和学校教育体系中。

2018 年，传承人群研修研习培训班的内容和形式均较以往更为丰富，涵盖了民间文学、传统工艺、民俗等多个类别的非物质文化遗产项目，参与培训的人员除了文化传承人以外，也包括文化工作者。2018 年 3 月，“额吉牧歌”——内蒙古自治区非物质文化遗产传承人群扶贫研培展示了内蒙古自治区兴安盟阿尔山市树皮画和科尔沁右翼中旗蒙古族刺绣非物质文化遗产传承人研培成果；4 月，第一期“UNESCO-CACH 中国世界文化遗产能力建设培训班”在云南丽江古城开班，主题为“热门旅游遗产地的管理与监测”；7 月，海南省非物质文化遗产传承人群研培计划承办黎族藤竹编培训班；11 月，湖北省民间文学类非物质文化遗产传承人群研修班在中央民族大学开班，包括国家级非物质文化遗产项目土家族“都镇湾故事”传承人在内的 30 余人参加培训。陕西师范大学面向岚皋扶贫整建制培训项目，承办巴山豆腐制作技艺与饮食文化非物质文化遗产传承人群研培班。西藏自治区文化厅联合西藏大学举办了第一期藏戏非物质文化遗产传承人群普及培训班，进行藏戏身段表演和唱腔韵律的现场教学，来自拉萨市辖 43 名觉木隆派藏戏传承人参加培训。各类非物质文化遗产传承人和工作人员研修班的举办，为非物质文化遗产传承保护工作提供了人才支撑和智力支持，提高了少数民族非物质文化遗产传承人的创造能力，使非物质文化遗产保护工作队伍更加精干，也促进了不同类别非物质文化遗产项目的均衡发展。

纵观国内有关非物质文化遗产传承人群培训班的开展情况，不难发现，其培训对象中少数民族传承人占据了相当大的比例。不同的非物质文化遗产项目传承人群通过在培训班的学习，无论在理论方面，还是在实践方面，传承能力都有明显提升，这也为培训结束后将学习成果转化为实践成果提供了保障。事实证明，少数民族非物质文化遗产传承人可以借助这一非物质文化遗产传承保护方式，达到夯实基础，拓展知识，提高技艺的目标。

二、开创少数民族非物质文化遗产扶贫新道路

以非物质文化遗产为抓手，开展各种形式的文化扶贫工作是深入贯彻落

实党的十九大精神，全面贯彻落实党中央关于深度贫困地区脱贫攻坚的总体部署，进一步推进文化扶贫工作的具体要求。非物质文化遗产扶贫通过增强传承人的荣誉感、成就感，能够增强他们的文化自信，从而激发出传承人群的内生动力，也使少数民族和民族地区形成各民族相互尊重、相互欣赏，各民族和谐相处、共同发展的格局。

2018 年 7 月 11 日，文化和旅游部办公厅、国务院扶贫办综合司联合印发《关于支持设立非遗扶贫就业工坊的通知》（以下简称《通知》）。《通知》以深度贫困地区“三区三州”为重点，兼顾部分少数民族地区国家级贫困县，公示并确定了第一批“非遗 + 扶贫”重点支持地区（共计 10 个），支持设立非遗扶贫就业工坊。第一批“非遗 + 扶贫”重点支持地区是：四川省凉山彝族自治州（以昭觉县、布拖县为重点），甘肃省临夏回族自治州（以临夏县、积石山县为重点），云南省怒江傈僳族自治州（以福贡县、贡山县为重点），西藏自治区拉萨市尼木县，新疆维吾尔自治区和田地区墨玉县，青海省黄南藏族自治州同仁县，河北省承德市丰宁满族自治县，广西壮族自治区崇左市龙州县，湖南省湘西土家族苗族自治州花垣县，贵州省黔东南苗族侗族自治州雷山县。这是国家层面首次明确以文件形式将少数民族非物质文化遗产与民族地区扶贫工作相结合的重要举措，对于少数民族贫困地区合理利用非物质文化遗产这一鲜活资源实现脱贫致富起到了良好引领作用。《通知》明确了通过非物质文化遗产进行扶贫工作的具体形式：成立非遗扶贫就业工坊；组织开展传统工艺培训，帮助当地建档立卡贫困户学习传统工艺，掌握相关技能；组织专家团队，对传统工艺产品进行专业设计和改造提升；搭建平台，支持电商企业等通过订单生产、以销定产等方式，助力销售非遗扶贫就业工坊生产的传统工艺产品，形成扶贫就业、产业发展和文化振兴的多赢格局。

这一《通知》也对各地开展的非遗扶贫就业工坊提出了具体而细致的要求，旨在借助非遗扶贫工坊，总结提炼一批可复制、可推广、可持续的非遗扶贫就业工坊工作经验与模式，鼓励和支持其他贫困地区学习借鉴、宣传推广。《通知》虽然只是以河北省、湖南省、四川省、贵州省、云南省、甘肃省、青海省、广西壮族自治区、西藏自治区、新疆维吾尔自治区为试点对象，涉及的职能部门也更多集中在10个省区的文化厅和扶贫办，但这一国家层面的举措对于在更大范围内扩大和提升非物质文化遗产影响及利用少数民族非物质文化遗产开展相关扶贫工作发挥了积极的示范作用，产生了重要的现实意义。需要指出的是，非物质文化遗产尤其是传统工艺相关项目与人民群众生产生活密切相关，具有促进就业、增收的独特优势。具体来说，主要有以下四个方面。

第一，从总体定位来看，依托传统工艺带动贫困劳动力就近就业，是与中央扶贫工作中“扶志”“扶智”相结合的体现，旨在通过激发贫困地区，尤其是少数民族地区群众的积极性和能动性来促进就业，促进持续增加收入。

第二，从工作目标来看，支持设立一批非遗扶贫就业工坊，目的在于带动贫困劳动力稳定就业。非遗扶贫就业工坊立足少数民族群众对于美好生活的向往，既使少数民族获得了稳定的收入，又能够宣传和保护非物质文化遗产项目。可以说，如果把非遗扶贫就业工坊推广好，将在全国范围内形成更大的示范作用与集聚效应，进而形成文化与经济的共融发展。

第三，从基本路径来看，此项工作分类明确，条理清楚。首先，成立了稳定而有实效的非遗扶贫就业工坊。其次，通过组织传统手工艺培训班，重点推进少数民族地区建档立卡贫困户的学习，达到掌握相关非物质文化遗产技能的目标。再次，借助专家团队的力量，不断加强对传统手工艺产品的专业设计和升级改造。最后，利用网络平台，通过各类电商渠道，将非遗扶贫就业工坊生产的传统手工艺产品在全国乃至全球销售，这也是形成扶贫就业、产业发展和文化振兴多赢格局的内在要求。

第四，从工作任务来看，有四个方面的内容，即设立非遗扶贫就业工坊、组织开展传统工艺培训、发展提升传统工艺产品和扩大传统工艺产品销售渠道。

首先，设立非遗扶贫就业工坊是此次工作的首要任务，也是开展其他后续工作的前提与保障。成立非遗扶贫就业工坊需要以深入的调研为基础，选取有利于带动就业的、可以形成具体市场价值的传统手工艺项目。注意与政府相关职能部门进行对接，通过对口帮扶援助、多方力量合作共建的方式达到建成的目的。实际上，通过利用当地非物质文化遗产相关资源，可以形成一个或多个传统手工艺集中交流、学习、生产的空间，可以利用当地已有的闲置场所建立新的非物质文化遗产保护基地或传统工艺传习所。

其次，组织开展传统手工艺培训是掌握非物质文化遗产相关技能的有效方式，而激发少数民族群众的自强意识、形成自我脱贫的内在动力是培训的关键与核心。组织非物质文化遗产技能培训涉及培训讲师选择、受训人员选择、授课场所确定、授课时长商讨等多项内容，这就要求各地文化主管部门与扶贫办通力合作，以持续而深入的调查为基础，选择最为合适的资源配置方式。这种面向深度贫困地区开展的非物质文化遗产传承人群培训，可以切实帮助少数民族群众拓宽眼界，提升发展能力。通过扶持、帮助一批人先脱贫，才有可能在更大范围形成整体脱贫。

再次，发展提升传统工艺产品是开展工作的重要环节。文化和旅游部、国务院扶贫办等高度重视传统工艺产品的品质提升，非物质文化遗产扶贫就业工坊可以确定与之对接的高校、企业，通过委托方式组建分工明确的专家团队和传承人队伍，实现点到点的帮扶，进而采用多种方式创新提升传统工艺产品，起到事半功倍的效果。

最后，扩大传统工艺产品销售渠道。文化和旅游部、国务院扶贫办及相关省（区）文化厅、扶贫办帮助引进有品牌、渠道和用户的知名电商企业和相关企业，采取订单生产、以销定产等多种形式，扩大非遗扶贫就业工坊传统工艺产品销售渠道；将非遗扶贫就业工坊传统工艺产品的展示、销售与各类相关博览会、展销会相结合；加大传统工艺产品线下线上的宣传和营销力度，以线上运营为主、线下运营为辅的新型销售模式已成为多个散杂居少数民族地区非物质文化遗产工艺产品销售的主要方式。

除文化和旅游部办公厅、国务院扶贫办综合司下发的《关于支持设立非遗扶贫就业工坊的通知》外，由文化和旅游部办公厅下发的《关于大力振兴贫困地区传统工艺助力精准扶贫的通知》同样是借助传统工艺对包括我国少数民族地区在内的贫困地区精准扶贫的重要文件。可以说，这两个文件将非物质文化遗产与扶贫两者之间的关系与地位进行了全面而明确的界定，在利用非物质文化遗产进行扶贫工作中，提出了具体的部署，组成了使贫困地区有效脱贫致富的“组合拳”。可以看出，两个文件对于非遗扶贫就业工坊给予了极大的关注，都是通过对参与工坊的贫困户进行各类形式的培训来达到学习传统工艺、掌握相关技能进而脱贫致富的目的，最终力求形成工艺品销路、扶贫就业、产业发展和文化振兴的共赢格局。

定期举办非物质文化遗产培训，提高了腰鼓、剪纸、年画、民歌等多种艺术形式的水平，不仅能够帮助贫困群众“吃文化饭、走致富路”，也使他们的精神面貌焕然一新，精气神更足。在实际的非遗扶贫工作中，湘西地区开展“让妈妈回家”苗绣振兴项目，通过专业技艺培训、资金帮扶，鼓励外出务工妇女回乡就业，改善少数民族地区的经济文化状况，助力精准扶贫。公益项目“稀捍行动”关注到非物质文化遗产的更多可能性，运用特殊的精准扶贫模式，找到传统手工艺和现代艺术的平衡点，与服饰、美容、餐饮品牌合作，形成“羌绣 + 植村秀 / 星巴克”“傣纸 + 阿玛尼”等的文化效应。这种模式不仅为广大匠人提供了就业机会，改善了生活环境，也推动了中国少数民族文化多渠道的呈现，带来了相关产业的集聚发展。

2018 年的少数民族非遗扶贫工作的鲜活实践表明非遗扶贫绝不单单是一种概念，而是少数民族贫困地区迅速发展、脱贫致富的有效路径。事实证明，非物质文化遗产可以带动少数民族地区发展，民族地区可以利用非物质文化遗产文化要素推动特色产业发展，助力经济转型升级。至今，为推动《中国传统工艺振兴计划》落实落地，着力提高传承人群的传承实践能力和转化创新能力，全国共设立了约 15 个传统工艺工作站，为老少边贫等地区振兴传统工艺搭建了资源整合和服务平台，形成了有序发展的良性格局。

三、创新少数民族非物质文化遗产保护实践理论建设

2018 年，从事非物质文化遗产工作研究的工作者继续探讨中国少数民族非物质文化遗产传承发展的基础性问题，密切关注新形势下少数民族非物质文化遗产发展态势，将少数民族非物质文化遗产保护实践与理论建设有机结合起来，构建有中国特色的非物质文化遗产理论及话语体系。

2018 年，有多个中国少数民族非物质文化遗产项目被立项为国家社会科学基金重大项目，如《中国神话资源的创造性转化与当代神话学的体系建构》《中国阿尔泰语系诸民族民间文学比较研究》《东北人口较少民族口头文学抢救性整理与研究》《边疆多民族地区红色文化资源调查、保护与传承研究》《中国当代少数民族文学制度研究》等。这些项目显示了 2018 年中国少数民族非物质文化遗产研究聚焦于传统与现代关系，并在基本资料积累、梳理和研究基础上进行的理论建构。

2018 年是我国改革开放 40 周年。40 年来，我国少数民族非物质文化遗产保护与国家建设、社会发展同频共振，取得了辉煌成就。以改革开放 40 年为契机，《中国藏学》刊发的《改革开放 40 年来国内西藏民间文学研究概述》[1] 和《改革开放 40 年国内藏戏研究综述》[2] 从非物质文化遗产类别的角度分析和总结了藏族民间文化研究的成果。廖元新和万建中《“官学”话语下的 20 世纪少数民族歌谣研究》[3] 回顾了百年来各个发展阶段的歌谣研究状况，阐明了官方话语和学术话语的互渗和互构。

（一）非物质文化遗产的传承状况和传承人群研究

保护原则既源于中国少数民族非物质文化遗产保护实践，又进一步指导非物质文化遗产保护行动。2018 年，学者们多角度研究少数民族非物质文化遗产生活的传承现状，加深对与少数民族非物质文化遗产研究对象相关的社区结构和文化系统的理解。何秋娥的《非遗视角下大理地区白族传统体育发

[1] 刘波. 改革开放 40 年来国内西藏民间文学研究概述［J］. 中国藏学，2018（4）：183-187.

[2] 蒋建华. 改革开放 40 年国内藏戏研究综述［J］. 中国藏学，2018（3）：195-200.

[3] 廖元新，万建中. “官学”话语下的 20 世纪少数民族歌谣研究［J］. 宁夏社会科学，2018（5）：175-184.

展现状与保护研究》[1]和杨娅、原佳丽的《日喀则市藏族非物质文化遗产分类及保护研究》[2]均以非物质文化遗产为视角，通过阐述当前发展面临的主要问题，探讨文化传承和保护的策略。《民族旅游场域中传统体育文化的选择性重构——基于山江苗族博物馆的田野调查》[3]分析了博物馆内传统体育的结构与形态，揭示了传统体育文化如何经过挑选、包装转化成旅游产品或者商品的过程，并指出当地人参与传统体育重构与发明满足了游客对少数民族文化的想象，也建构着当地的文化生态。

另一方面，学者们拓展研究领域，关注少数民族非物质文化遗产的主体实践。2018年，学界持续关注少数民族非物质文化遗产传承人群方面的动态，发表了一系列相关的学术文章。王丹的《少数民族非物质文化遗产保护现状和问题研究：基于国家级非遗项目和代表性传承人的分析》通过梳理和分析少数民族国家级非物质文化遗产代表性项目和传承人的申报、入选情况来反映和阐述各民族非物质文化遗产保护的现状及存在的问题和应对策略[4]。李虎的《论传承人流动与少数民族非物质文化遗产保护》从传承人这一非物质文化遗产传承的主体出发，讨论了少数民族非物质文化遗产传承人多元的流动方式及其所带来的一系列影响，认为应加大对少数民族非物质文化遗产传承人保护的投入力度，以期为民族地区留住传承人[5]。文冬妮的《桂滇黔少数民族特色村寨体育类非物质文化遗产传承人保护模式》将关注点聚焦在西南少数民族村寨，通过考察体育类非物质文化遗产传承人的保护情况，探讨多方通力合作的有效保护模式[6]。

[1] 何秋娥. 非物质文化遗产视角下大理地区白族传统体育发展现状与保护研究［D］. 四川：成都体育学院，2018.

[2] 杨娅，原佳丽. 日喀则市藏族非物质文化遗产分类及保护研究［J］. 西藏民族大学学报，2018（4）.

[3] 田祖国，李艳翎，罗婉红. 民族旅游场域中传统体育文化的选择性重构——基于山江苗族博物馆的田野调查［J］. 成都体育学院学报，2018（3）.

[4] 王丹. 少数民族非物质文化遗产保护现状和问题研究：基于国家级非物质文化遗产项目和代表性传承人的分析［J］. 文化遗产，2018（2）.

[5] 李虎. 论传承人流动与少数民族非物质文化遗产保护［J］. 中南民族大学学报（人文社会科学版），2018（5）.

[6] 文冬妮. 桂滇黔少数民族特色村寨体育类非物质文化遗产传承人保护模式［J］. 文化遗产，2018（4）.

此外，学者们还撰文探讨了非物质文化遗产传承人群研培计划对于能力建设的意义。杨丹妮在《从能力建设到文化赋权：以2016年度广西非物质文化遗产传承人群研修研习培训计划为个案的研究》❶中认为，非物质文化遗产传承人群研培计划是我国在《保护非物质文化遗产公约》国际框架下提升履约能力和开展具体保护实践的创新之举，并以广西非物质文化遗产传承人群研修研习培训计划为个案，分析了推行非物质文化遗产传承人群研修研习培训计划的持续效果，指出需要形成相关配套政策和建立相关培训体系才能构建有利于传承人群接受继续教育和教育部门认可的国民教育学历文凭进阶体系。

（二）非物质文化遗产保护的基础理论与应用理论研究

2018年少数民族非物质文化遗产研究的整体观、生活感、实践性等特征鲜明。少数民族非物质文化遗产研究的整体观首先表现为将单一文化事象的考察与其他事象相结合，通过举证策略，挖掘不同类型文化之间的关联，加深对非物质文化遗产事象的认识和理解。

学者们围绕“语境”“互文”等关键词，剖析少数民族非物质文化遗产仪式活动和社会观念之间的关系。2018年，少数民族非物质文化遗产研究对“语境”的重视深化了学者对文学体裁的认识，挖掘出了民间工艺的多元内涵，展现了民间信仰的权力话语。《民族艺术》2018年第5期开辟了“中国史诗学”专栏，将宏观理论和微观研究相结合。乌·纳钦的《史诗演述的常态与非常态：作为语境的前事件及其阐析》❷、杨杰宏的《音像记录者在场对史诗演述语境影响》❸、屈永仙的《傣族史诗的演述人与演述语境》❹、阿地里·居玛吐尔地的《口头史诗的文本与语境——以〈玛纳斯〉史诗的演述传统为例》❺均以“语境”为媒介，关注史诗的演述传统和演述人，在不同背

❶ 杨丹妮.从能力建设到文化赋权：以2016年度广西非物质文化遗产传承人群研修研习培训计划为个案的研究［J］.河南教育学院学报（哲学社会科学版），2018（5）.

❷ 乌·纳钦.史诗演述的常态与非常态：作为语境的前事件及其阐析［J］.民族艺术，2018（5）：50-55.

❸ 杨杰宏.音像记录者在场对史诗演述语境影响［J］.民族艺术，2018（5）：63-71.

❹ 屈永仙.傣族史诗的演述人与演述语境［J］.民族艺术，2018（5）：72-78.

❺ 阿地里·居玛吐尔地.口头史诗的文本与语境——以《玛纳斯》史诗的演述传统为例［J］.民族艺术，2018（5）：56-62.

景下讨论史诗的稳定性与变异性，从生活场景中理解史诗的意义。这与尹虎彬[1]和董晓萍[2]对史诗意义的界定相互印证，即作为体裁的史诗的意义超越了作品的意义，创造性的叙述者与史诗受众的个人经验相互作用，且这种互动使史诗既具有跨文化的历史元素，又可保持本民族主体文化的鲜明特质。这些研究表明“语境”作为少数民族非物质文化遗产的重要理论，不仅具有学术价值，还具有实践意义。

“互文”搭建了不同类型文化之间的桥梁，成为解析地方性知识的一种方式，构成理解少数民族非物质文化遗产的重要路径。冯智明的《神话叙事与庆典仪式的互文——以桂北瑶族“渡海”神话和禁风节为中心》一文以神话－仪式理论为基础，认为神话象征体系的“渡海”神话与实践的禁风仪式展演体系具有结构性关联，是盘瑶人身份认同的重要方式[3]；段晴的《神话的跨域性与地方性——以观察新疆洛浦博物馆氍毹为基础》将物质文化与神话相结合，分别利用洛浦博物馆的五幅氍毹显示神话的跨域性与地方性[4]；孟令法的《口头传统与图像叙事的交互指涉——以浙南畲族长联和“功德歌”演述为例》详述了以身姿为媒介的“图”“言”互动[5]。以上将博物馆学、身体研究等理论引入文学研究中的学术探索，为少数民族非物质文化遗产理论建设注入了新的活力。另外，李永平和樊文在“互文”的基本框架下讨论了中国少数民族屠龙故事文本和禳灾传统之间的关系[6]。这些以“互文”为关键词的研究体现了当前少数民族非物质文化遗产研究的“生活感”。

2018年少数民族非物质文化遗产研究对“日常生活”的关注使学者将

---

[1] 尹虎彬. 作为体裁的史诗以及史诗传统存在的先决条件［J］. 民族文学研究，2018（2）：121-127.

[2] 董晓萍. 跨文化民俗体裁学：新疆史诗故事群研究［M］. 北京：中国大百科全书出版社，2018.

[3] 冯智明. 神话叙事与庆典仪式的互文——以桂北瑶族“渡海”神话和禁风节为中心［J］. 民族文学研究，2018（3）：39-46.

[4] 段晴. 神话的跨域性与地方性——以观察新疆洛浦博物馆氍毹为基础［J］. 民族艺术，2018（4）：13-22.

[5] 孟令法. 口头传统与图像叙事的交互指涉——以浙南畲族长联和“功德歌”演述为例［J］. 民俗研究，2018（5）：108-117.

[6] 李永平，樊文. 中国少数民族屠龙故事文本与禳灾传统［J］. 民族文学研究，2018（1）：48-59.

目光转向新环境、新技术、新观念对传统变迁的影响，扩大了学术研究的对象，加强了学术研究与社会生活之间的联系。同时，从整体上梳理当下民俗学在民俗变迁研究等方面的趋势，重点强调以民俗生活为对象的田野实践研究的重要性。现代化带给少数民族非物质文化遗产的危机感促使人们探索文化复兴与重建的方式，以及革新文化实践的形式。学者们将“民俗主义”“文化复兴”“文化重建”“传统的发明”等概念应用于非物质文化遗产实践的研究中，并作为理解当前少数民族非物质文化遗产传承发展的文化逻辑。刘目斌以民俗主义为视角思考和探索土族“纳顿”作为节日或庙会的特征及相互之间的关联[1]；杜华君和周晶基于宁夏渠桥镇“桥神”的考察，分析了传统再造、族际交往和乡村社会整合之间的关系[2]。

2018年，少数民族非物质文化遗产研究将“认同”作为主要价值取向，分析民族间的非物质文化遗产互动与融合。朴婕《想象“多民族－国家”的方法——〈嘎达梅林〉汉译与1950年代民族设想》[3]、魏琳琳《蒙汉杂居区四胡演奏与族群认同研究》[4]等，通过对跨民族和跨地域非物质文化遗产的研究，突出多民族互动与各地区相互影响的历史，进而研究不同民族和地区之间的文化认同。

综上，2018年少数民族非物质文化遗产基础理论与应用理论研究围绕“传承”“认同”“创新”等核心概念，强调整体观、生活感和实践性，关注现代化转型过程中少数民族非物质文化遗产利用新技术促进其发展的路径，探讨中国“本土化”的非物质文化遗产理论及保护方法。

（三）非物质文化遗保护的政策研究

非物质文化遗产与区域建设相辅相成，构成了非物质文化遗产传承的生长空间，也形成了传统村落保护与乡村振兴的发展格局。2018年，学界高度关注文化生态保护区和非物质文化遗产扶贫相关政策在乡村建设中的示范引

❶ 刘目斌. 节日抑或庙会：土族“纳顿”属性辨析——基于民俗学主义研究视角的认知［J］. 西北民族研究，2018（2）：208-215.

❷ 杜华君，周晶. 传统再造、族际交往与乡村社会整合——宁夏黄渠桥镇“桥神”祭祀的人类学考察［J］. 宁夏社会科学，2018（1）：135-142.

❸ 朴婕. 想象“多民族—国家”的方法——《嘎达梅林》汉译与1950年代民族设想［J］. 民族文学研究，2018（3）：87-94.

❹ 魏琳琳. 蒙汉杂居区四胡演奏与族群认同研究［J］. 民族艺术，2018（2）：111-116.

领作用。对于文化生态保护区整体性保护实践的理论反思有助于更好地发挥文化生态保护区的积极效应。覃琮从“非物质文化遗产类型”“研究视角”两条线索梳理了国内对于文化空间的研究，指出“文化空间”不应该局限于人类学和非物质文化遗产领域，应把文化空间视为一种研究视角，让它进入更多的研究领域和更大的知识系统[1]。《中南民族大学学报》（人文社会科学版）开辟专栏，就文化生态保护区的相关问题进行探讨：马盛德在《文化生态保护实验区建设要关注的几个问题》中结合自身多年从事非物质文化遗产保护工作的经验，从文化生态保护实验区最初建设背景、定位与目标、核心问题、文化特色、文化旅游与文化生态区关系、政府主导等方面归纳出推进文化生态保护区建设的有效途径[2]；林继富的《家园重建与羌族文化生态保护实验区建设研究》讨论了羌族家园重建过程中文化遗产保护及文化构建的选择性，指出这一过程是有核心、有规律进行的[3]；王丹则撰文揭示了处理多种不同文化的关系对于文化生态保护试验区建设的重要意义[4]。另外，赵艳喜认为文化生态保护区的“公共性”是其本质特征[5]。这些理论研究充分肯定了文化生态保护区整体性保护的价值。

除上述研究外，学界对少数民族非物质文化遗产扶贫也给予了极大的关注。黄登斌在《居民对非遗旅游扶贫效应感知与参与行为研究》一文中指出，非物质文化遗产旅游资源对于少数民族地区的脱贫攻坚有重要作用[6]。孙祺童的《用剑川木雕实现技能扶贫、文化传承双丰收——看云南技师学院建筑与民族工艺系如何进行非遗专业建设》以云南技术学院为例，讨论了剑川

❶ 覃琮.从“非遗类型”到“研究视角”：对“文化空间”理论的梳理与再认识［J］.文化遗产，2018（5）：25-33.

❷ 马盛德.文化生态保护实验区建设要关注的几个问题［J］.中南民族大学学报（人文社会科学版），2018（4）：26-32.

❸ 林继富.家园重建与羌族文化生态保护实验区建设研究［J］.中南民族大学学报（人文社会科学版），2018（4）：33-37.

❹ 王丹.从文化关系推进文化生态保护实验区建设［J］.中南民族大学学报（人文社会科学版），2018（4）：38-42.

❺ 赵艳喜.文化生态保护区的公共性及其发展方向［J］.文化遗产，2018（4）：24-30.

❻ 黄登斌、喻晓玲.居民对非遗旅游扶贫效应感知与参与行为研究［J］.合作经济与科技，2018（15）.

木雕这一民族工艺在扶贫工作及文化传承工作中的作用[1]。黄璜的《湖南湘西侗族“非遗＋扶贫”的文化发展新模式研究》则重点从文化视角出发，讨论了政府、社会、学校三方通力合作对非物质文化遗产整体工作及文化发展的促进作用[2]。陈卓的《非遗扶贫亟需实践关注》讨论了传统工艺扶贫对于传统文化创新发展、传承的意义，并提出行之有效的实践活动可以为少数民族贫困地区提供集“创作、设计、制作、订单”于一体的全链条服务体系，是全面打开传统工艺扶贫的重要手段[3]。

（四）“一带一路”视域下的非物质文化遗产保护研究

2018年，少数民族非物质文化遗产传承发展过程中弘扬以“一带一路”为核心的“丝路精神”，在坚持解读“一带一路”和搜集沿线民族民间文化资料的同时，将“一带一路”的内涵与精神融入研究中，强调沿线国家及地区民俗在不同民族交流交往交融中的特殊力量。

2018年，在国家相关政策和非物质文化遗产发展实践的指引下，北京师范大学举办了“‘一带一路’国家非物质文化遗产保护与乡村振兴”国际学术研讨会，针对长久以来各国在非物质文化遗产保护与乡村振兴方面的理论探索和实践经验交流心得，并细化到具体的民间工艺、遗产旅游、非物质文化遗产名录、民间文学等层面，探讨非物质文化遗产发展历程中的成果体验，反思发展中遇到的各类问题，也进一步明晰未来的发展指向和实施路径。

朱晓晴主编的《非物质文化遗产：丝绸之路中国段概述》[4]展示了陕、甘、青、藏、新等五省区中汉、回、维吾尔、藏、蒙古、撒拉、东乡、保安、裕固、哈萨克等20多个民族的口头传承、手工技艺、民俗等非物质文化遗产的传承、保护与拓展成果，进一步丰富了丝绸之路非物质文化遗产研究内容。林继富从宏观层面强调丝绸之路沿线民族民间文学的多样性、交流

---

❶ 孙祺童. 用剑川木雕实现技能扶贫、文化传承双丰收——看云南技师学院建筑与民族工艺系如何进行非物质文化遗产专业建设［J］. 职业，2018（1）.

❷ 黄璜. 湖南湘西侗族“非遗＋扶贫”的文化发展新模式研究［J］. 艺术科技，2018（8）.

❸ 陈卓. 非遗扶贫亟需实践关注［N］. 社会科学报，2018-10-25（6）.

❹ 朱晓晴. 非物质文化遗产：丝绸之路中国段概述［M］. 陕西：西北大学出版社，2018.

性和融合性，揭示了民间文学在不同民族之间发挥着理解与尊重的效用，指出了丝绸之路沿线民间文学研究的新方向[1]。王丹从中观层面考察了“丝绸之路”沿线民族宝物故事的宝物类型与内涵，展现出民族交往和文化互动的特征[2]。后慧宏、马钟范、王珏的《“一带一路”建设中白马藏族傩舞“池哥昼”文化传承现状及思考》[3]针对傩舞“池哥昼”文化传承存在传承人稀缺、文化存活空间小、文化保护与传承进展失衡等问题，建议尝试调适“池哥昼”文化传承鼓励政策，协调社区推进文化挖掘传承工作、申办旅游节激励文化传承创新、创新当地“池哥昼”文化传承平台。杨海鹏分析了蒙古族英雄史诗《江格尔》记载的非物质文化遗产，并指出其在助推“中蒙俄经济走廊”发展，促进民心相通、加快“一带一路”经济建设方面的特殊作用[4]。

四、少数民族非物质文化遗产保护与现代媒介传播

2018 年，中国少数民族非物质文化遗产保护取得了瞩目成绩。6 月 6 日，在法国巴黎联合国教科文组织总部举行的《保护非物质文化遗产公约》缔约国大会第七届会议上，我国当选为保护非物质文化遗产政府间委员会委员国（任期 2018—2022 年）。11 月 28 日，“藏医药浴法——中国藏族有关生命健康和疾病防治的知识与实践”列入联合国教科文组织人类非物质文化遗产代表作名录。5 月 8 日，文化和旅游部公布第五批国家级非物质文化遗产代表性项目代表性传承人名单；民族地区地方文化部门相继公布了各级非物质文化遗产代表性项目传承人名单。

2018 年，中国少数民族非物质文化遗产保护和传承力求创新，将非物质文化遗产与少数民族地区现代生活相结合，提高了少数民族非物质文化遗产

---

[1] 林继富. 路径与方向：“丝绸之路”沿线民间文学研究［J］. 云南师范大学学报（哲学社会科学版），2018（5）：110-117.

[2] 王丹. “丝绸之路”沿线民族宝物故事的宝物类型与意涵［J］. 云南师范大学学报（哲学社会科学版），2018（5）：118-125.

[3] 后慧宏，马钟范，王珏. “一带一路”建设中白马藏族傩舞“池哥昼”文化传承现状及思考［J］. 内蒙古民族大学学报，2018（6）.

[4] 杨海鹏.《江格尔》中蒙古族非物质文化遗产与“一带一路”文化传播［J］. 内蒙古民族大学学报，2018（3）.

的现代适应性。在国家实施乡村振兴战略的背景下，以少数民族非物质文化遗产为代表的优秀传统文化传承发展等工作不断推进。9月26日，中共中央、国务院印发的《乡村振兴战略规划（2018—2022年）》不仅关乎现代化经济体系和美丽中国的建设，也是健全现代社会治理体系和实现人民共同富裕的重要方式，更是传承中华优秀传统文化和少数民族非物质文化遗产的有效途径。自2018年起，中国政府将每年农历9月23日设立为“中国农民丰收节”。在此背景下，中国少数民族非物质文化遗产研究持续以农民、农村、农业为议题，从非物质文化遗产的视角深化对乡村、乡民和乡村传统的认识和理解。

非物质文化遗产整体性保护是中国政府实施非物质文化遗产保护的智慧体现。自2007年我国首个国家级文化生态保护实验区——“闽南文化生态保护实验区”设立以来，我国在以文化生态保护实验区为核心的整体性非物质文化遗产保护上取得了突出成就。2018年，文化和旅游部出台《国家级文化生态保护区管理办法》（简称《办法》），《办法》总结了目前21个国家级文化生态保护区和146个省级文化生态保护区相关工作经验，明确了国家级文化生态保护区建设的指导思想和工作目标、申报设立的条件和程序、建设的责任主体、主要任务和措施，这既是对过去十多年文化生态保护区经验的总结，也是对未来实践的指引。21个国家级文化生态保护区涉及17个省份，包括11个少数民族为主体的国家级文化生态保护区，即热贡文化生态保护区、羌族文化生态保护区、武陵山区（湘西）土家族苗族文化生态保护区、迪庆民族文化生态保护区、大理文化生态保护区、铜鼓文化（河池）生态保护区、黔东南民族文化生态保护区、格萨尔文化（果洛）生态保护区、武陵山区（鄂西南）土家族苗族文化生态保护区、武陵山区（渝东南）土家族苗族文化生态保护区、藏族文化（玉树）生态保护区。

少数民族非物质文化遗产保护是实践性和制度性较强的文化工作。2018年，少数民族非物质文化遗产保护注重民族交流及多民族、多区域共享非物质文化遗产的共同性、多样性和包容性，各地区、各民族之间相互合作、协助成为少数民族非物质文化遗产保护的亮点。12月18日，湖南省、贵州省、广西壮族自治区三省（区）四市（州）六县共同召开中国侗族村寨联合申遗面商协调会，并签署《中国侗族村寨联合申遗工作备忘录》，建立了侗族村寨联合申遗工作机制。

在非物质文化遗产传播方面，2018 年国家民委印发了《全国少数民族古籍保护工作“十三五”规划》，提出少数民族古籍的保护研究、资源开发、出版宣传、制度人才建设等多项工作任务，指导少数民族文化的传承、发展和创造、创新。“中国民间文学大系出版工程”全面启动实施，其从优秀传统文化角度界定了民间文学的 9 大门类，按照科学性、广泛性、地域性、代表性的“四性”原则编选，以省、市、自治区及新疆生产建设兵团（包括港澳台地区）的行政区划立卷。这是继 20 世纪 80 年代以来中国民间文艺十大集成工作后又一次对包括少数民族口头文学类非物质文化遗产在内的全面系统的辑录。10 月，国家级非物质文化遗产项目《满族口头遗产传统说部丛书》第三批共 26 部出版完成，于 11 月举行了说部丛书推介仪式，积极推动民族传统文化的抢救、保护和传承发扬。12 月，英雄史诗《格萨尔》系列图书《史诗肖像（卷一、卷二）》《探秘玛域果洛格萨尔文化》《格萨尔史诗谚语》《史诗〈格萨尔〉中的体育文化普查与研究》《巴颜喀拉的人生——藏地的果洛样本》出版发行。

2018 年，中国非物质文化遗产走出国门，让世界了解中国文化、领略东方文化的魅力。1 月，甘肃文化艺术团赴日本、坦桑尼亚、毛里求斯等 7 国 9 个城市，围绕丝路文化、敦煌文化、民族民间民俗特色文化主题，呈现 2018“欢乐春节”的中国元素。9 月，“西南地区少数民族非物质文化遗产文化展”亮相柬埔寨金边。10 月，由广西民族博物馆主办的“斑布采缬——广西传统印染技艺工作坊”活动走进坦桑尼亚中国文化中心，以展览和教学体验的形式展示了广西传统的手工染布技艺和印染美学。12 月，“感知中国 · 大美青海”中国青海民族文化艺术展在东京举行，展览通过 200 多张摄影图片书写青海传统艺术和壮丽风光。

少数民族非物质文化遗产传承发展在当代语境下离不开现代媒介的传

播。2018年，文化和自然遗产日以“多彩非物质文化遗产，美好生活”为主题，以“见人见物见生活”“活态传承、活力再现”“非物质文化遗产让生活更美好”“新时代、新生活、新传承”为理念，采取包括少数民族非物质文化遗产在内的全国非物质文化遗产曲艺周、非物质文化遗产公开课、非物质文化遗产影像展等方式，全国共举办大中型非物质文化遗产展示宣传活动3700多项，全面展示了近年来我国少数民族非物质文化遗产与现代生活相融合，不断满足人民美好生活需要的成果。

除系列展示外，非物质文化遗产教育亦在稳步推行。教育部发布了《关于开展中华优秀传统文化传承基地建设的通知》，明确了“非物质文化遗产进校园”的目标，规范了“非物质文化遗产进校园”的方式，将学校教育和文化传承相结合，拓展了非物质文化遗产保护与实践的领域。在2018年文化和自然遗产日期间，四川省多次开展“非物质文化遗产进校园”活动，涉及皮影戏、藏族编织挑花刺绣、川剧、扬琴、清音等多项非物质文化遗产。11月，拉萨市文化局联合拉萨市师范高等专科学校举办“非物质文化遗产进校园”活动，对拉萨市尼木藏纸制作技艺、雕版印刷技艺、书法、歌舞、戏剧等非物质文化遗产项目进行现场表演和知识问答。“非物质文化遗产进校园”活动使传统文化融入青少年的生活，有效促进了青少年对文化的认知和理解，为保护非物质文化遗产、弘扬民族传统文化提供了动力支撑。

少数民族非物质文化遗产保护不仅需要政府、学者的参与，大众媒介作为普通民众接受信息最便捷的方式，也在其传播与宣传的过程中发挥了重要的作用。电视节目《非遗中国行》延续了自2016年以来的制作模式，2018年对内蒙古等地的少数民族非物质文化遗产进行较为全面而系统的记录。中央广播电视总台央视综艺频道联合文化和旅游部非物质文化遗产司、国家图书馆推出《非遗公开课》节目，邀请中国社会科学院荣誉学部委员刘魁立、中国丝绸博物馆馆长赵丰、中国艺术研究院研究员田青和中国社会科学院研究员巴莫曲布嫫四位专家，以及各类非物质文化遗产的传承人，进行生动的主题教学授课，带来理论与实际、传统与创新的碰撞。10月，中央电视台“文化十分”栏目与文化和旅游部非物质文化遗产司、中国社会科学院民族文学研究所等单位合作制作的《寻找中国三大英雄史诗传承人》节目在CCTV-3综艺频道播出。该节目系统梳理了近年来三大史诗的保护成果和传承现状，从多个角度探讨了三大史诗传承发展过程中遇到的问题，以及传承人、专家学者和非物质文化遗产保护工作者们为解决这些问题所做的各种不懈探索和努力，为史诗乃至民间口头文学的保护和传承发展提供了借鉴。这些节目在社会上营造了良好的文化传播氛围，使更多的人认识并了解了我国传统文化的魅力，进而参与到少数民族非物质文化遗产保护和传承活动中来。与此同时，关于少数民族非物质文化遗产传播力的讨论也逐渐引起学者和相关工作者的重视。

五、聚焦丝绸之路与少数民族非物质文化遗产交流

2018年，中国少数民族非物质文化遗产参与了以“一带一路”为核心的对外交流，聚焦于“铸牢中华民族共同体意识”研究，推进构建人类命运共同体，促进各民族交往、交流和交融。

丝绸之路沿线地区是人类历史文明的重要资源宝库，拥有众多世界非物质文化遗产资源和国家级非物质文化遗产项目，承载着多样的文化艺术。千百年来，不同民族、不同文化在这条线路上进行着贸易和文化的交流与互动，创造了熠熠生辉的人类文明，留下了灿烂辉煌的历史记忆。2018年是习近平主席提出“一带一路”重要论述的第五年。五年来，国家各部门和各地区不断践行这一理念，逐步实现了理论与实践的有机衔接，转化了丝路地区的经济动能，唤活了文化发展的潜在生机。

2018年，中共中央办公厅、国务院办公厅印发了《关于加强文物保护利用改革的若干意见》，其主要任务第十二条指出，要深化“一带一路”文物交流合作，健全丝绸之路和海上丝绸之路文化遗产保护与申遗跨国合作机制。“一带一路”背景下的文物保护和利用，旨在打造全方位、多层次的交流合作平台，实现不同文明形态之间的跨时空、跨地域对话，发挥文物外交

的重要作用，更好地传播中国民族文化力量。在具体实施过程中，西北五省区（陕西、甘肃、青海、宁夏、新疆）联合成立丝绸之路文化遗产保护工匠联盟，形成文物保护修复与传统工艺合作长效机制，为丝绸之路的文化遗产保护和传承提供技艺支持。民族文化的保护和发展一直都在不断的探索之中，11 月 15 日，国务院新闻办发表《新疆的文化保护与发展》白皮书，从六大板块阐释了新疆文化发展的历史和现状。其中，文化遗产保护和传承领域成果丰硕，文化事业和文化产业朝着繁荣的方向持续迈进，是中华民族优秀文化的发展典范。

除了国家政策的指引外，还有来自国家艺术基金的协同帮扶。国家艺术基金自 2013 年成立以来，不断优化资助项目机制，在传统发展延伸的基础上，激发创造创新活力，共资助传统戏剧、曲艺、传统音乐、传统舞蹈、传统美术、传统技艺等民族传统艺术形式项目 1704 项，约占资助项目总量的 42%，提供资助资金约 15.3 亿元。包含藏戏《松赞干布》《六弦情缘》、内蒙古民族管弦乐《丝路草原》、民族舞剧《英雄·玛纳斯》等众多“一带一路”沿线的民族传统艺术均从中受益。

文旅融合在 2018 年成为文化和旅游界的热议话题，在此趋势下，非物质文化遗产项目已然成为旅游产业中不可或缺的资源。科学有效地利用非物质文化遗产，拓展传统元素的现代化运用，既有益于旅游产业创新发展，又确保了非物质文化遗产保护和传承的运行载体。2018 年，围绕“加大力度、加强统筹”，文化和旅游部对部系统及全国各省（区、市）“一带一路”建设工作作出部署。在国际合作领域，“5 年来，我国已与‘一带一路’沿线国家签署双边文化、旅游合作文件 76 份，推动建立中国—东盟、中国—中东欧、中俄蒙等一系列双边、多边文化旅游合作机制”❶。在国内发展层面，甘肃、新疆等多地充分发挥丝绸之路经济带的黄金枢纽优势，推动文旅深度融合。2 月，甘肃省人民政府办公厅印发《关于加快全省智慧旅游建设的意见》，提

❶ 叶飞.“一带一路”文化旅游领域交流合作五年成果丰硕.[EB/OL].（2018-09-11）[2019-03-08]. http://www.ccdy.cn/yaowen/201809/t20180911_1393322.htm.

出“全域旅游内容云”的构想，部署9个地市州创作活动，发展大数据引领下的文化体验模式，推动少数民族地区的非物质文化遗产动态呈现。此外，甘肃省还重点打造了10个国家级研学旅游目的地和示范基地，开启“非物质文化遗产+研学”旅游模式。研学式旅游是一种将旅游和学习体验结合起来的文化观光形式，充分融合了民众喜好、教育意义与市场需求的特点，能够在创意互动中保持非物质文化遗产的活态属性。7月，甘肃研学旅行与营地教育资源交流会在甘肃公航旅·张掖国际露营基地举行，重点探讨了研学课程、导师培养、营地建设等问题，为研学旅行的进一步发展奠定基础。文化和旅游部等十部门印发了内蒙古满洲里、广西防城港边境旅游试验区建设实施方案的通知，将其纳入到“一带一路”的建设中，对旅游试验区的政策体系、发展思路、管理规划提出了具体的实施操作建议，促进旅游产业转型升级。

2018年9月27—28日，以“展现丝路风采，促进人文交流，让世界更加和谐美好”为主题的第三届丝绸之路国际文化博览会在甘肃敦煌举办。博览会包含14场分会、论坛及多场展览、演出活动，对“一带一路”建设的各项课题、各个领域给予高度关注。这是“一带一路”沿线国家交流合作的重要平台，也是各国非物质文化遗产展示的舞台，更是深入推进跨界融合创新的新机遇。在交流机制不断深化的同时，丝路沿线国家还相继成立了世界旅游联盟、丝绸之路国际博物馆联盟、丝绸之路国际剧院联盟、国际图书馆联盟、美术馆联盟、艺术节联盟，为持续合作拓展多元化的渠道。这些举措堪称“一带一路”文明对话与交流的活态印记，是“一带一路”非物质文化遗产保护的新局面，有助于突破原有文化发展的地域与资源瓶颈，实现文化共建共享。

从国家政策到国际合作，再到具体的文化实践，丝路沿线的少数民族非物质文化遗产践行着多渠道的“走出去”和多样化的“引进来”发展战略，取得了出色的成绩。在未来的发展中，“一带一路”非物质文化遗产长廊将继续在交流合作与互动往来中塑造信息化、体系化的发展机制，逐步增强中华文化的再生力和影响力，推动丝路沿线地区、国家协同发展，共同繁荣。

总体而言，2018 年中国少数民族非物质文化遗产保护秉承“活态传承、活力再现”的原则，无论是社区、村落中的非物质文化遗产生活，还是非物质文化遗产项目展演、非物质文化遗产互动体验和学术论坛等活动，都多样态、多角度地呈现出非物质文化遗产与“人”和“生活”的关系。

中国少数民族非物质文化遗产保护将传统文化与现代生活、保护与生产相结合，注重活态传承，推动少数民族非物质文化遗产进社区、进学校，有针对性地将传统工艺保护与地方经济增长相联系，促进了传统工艺的保护和发展。

中国少数民族非物质文化遗产的基础理论创新不仅体现在学者的交流与互动上，也体现在尊重非物质文化遗产的多样性，发掘不同民族、不同地区、不同文化间的异同上。

中国少数民族非物质文化遗产的国际交流无论继承创新、互动融合，还是传承、传播，均将少数民族非物质文化遗产保护置于国家叙事中，反映了时代特征，回应了社会问题。

中国少数民族非物质文化遗产保护传承还有许多工作需要进一步探索和深入。例如，少数民族非物质文化遗产发展史的爬梳虽然在对象和时间范围上已经得到拓展，但是对于一些重要类型、重要事件的梳理还可以进一步挖掘。少数民族非物质文化遗产保护传承的类型不均衡，仍需加强对民间游戏、民间文学类非物质文化遗产的研究和保护。诚然，非物质文化遗产资源的保护和利用仍处于不断尝试和摸索阶段，还需要发挥政府、社会和学界的联动作用，继续调适和调整，合力促进各项政策法规的建立和文化实践的完善，构筑行之有效的非物质文化遗产保护智慧体系。

中国少数民族人口和健康发展研究

杨　磊　戴优升　李慧宇*

我国是一个统一的多民族国家，共有55个少数民族、155个民族自治地方，少数民族人口占全国总人口的8.5%。中华人民共和国成立后，特别是改革开放以来，在党的民族政策引导下，少数民族事业取得了巨大进步，全国各族人口在数量、分布、构成和素质等方面呈现良好发展态势。党的十九大报告指出："实施区域协调发展战略。加大力度支持革命老区、民族地区、边疆地区、贫困地区加快发展。""十三五"时期，国家把加快少数民族和民族地区发展摆到更加突出的战略位置，致力于补齐少数民族和民族地区发展短板，提升各族人民福祉。少数民族地区的发展关系全面小康社会的顺利实现，在这其中，少数民族人口发展和健康是民族地区经济和社会发展的基础。

2016年年底，《国务院关于印发"十三五"促进民族地区和人口较少民族发展规划的通知》里指出：促进少数民族地区社会事业发展，劳动年龄人口受教育年限

* 杨磊，博士，中央民族大学民族学与社会学学院讲师；戴优升，中央民族大学民族学与社会学学院硕士研究生；李慧宇，中央民族大学民族学与社会学学院硕士研究生。

和人口预期寿命明显提高，民族自治地方人均预期寿命增长1岁，劳动年龄人口平均受教育年限由9.01年增长到10.3年。完善民族地区重大疾病防控、健康教育、妇幼健康等公共卫生服务网络，进一步提高传染病、慢性病、地方病、职业病和出生缺陷、发育障碍等监测、预防和治疗能力。该文件对于促进少数民族地区人口健康发展具有重要的指导意义。

同时，学术界针对少数民族人口发展和健康开展了非常多的研究。2018年3月，由中国人口学会民族人口专业委员会主办的2018年中国民族人口学术研讨会在宁夏银川召开。2018年8月，由中国社会科学院人口与劳动经济研究所《中国人口科学》杂志社主办的“少数民族地区人口可持续发展与乡村振兴”学术研讨会在甘肃省兰州市召开。2018年11月，中国人类学民族学研究会、安徽大学社会与政治学院与南开大学周恩来政府管理学院联合主办“铸牢中华民族共同体意识与少数民族流动人口服务管理创新”专题研讨会。

一、少数民族地区人口发展状况

“十三五”以来，少数民族地区人口发展取得较大进展：人口死亡率保持总体稳定态势，但各少数民族地区呈现多样化特征；性别比趋于优化，城镇人口比重稳步增长；人口老龄化程度加深，家庭规模小型化趋势明显。

（一）人口出生率和自然增长率先升后降，人口死亡率总体稳定

人口自然变动情况主要通过人口出生率、死亡率和自然增长率的变化来体现。由表1看出，2015—2018年，全国和少数民族地区的人口出生率、自然增长率均整体呈现先升后降的趋势，具体表现为在2015—2017年人口出生率和自然增长率小幅度稳步上升，而在2018年却呈现不同程度的下降趋势。相较而言，在少数民族八省区中，广西、西藏、青海、新疆等地区的人口出生率和自然增长率较全国有更大幅度的增长，其中人口出生率平均比全国高0.2～0.4个百分点，自然增长率较全国的差额均超出了0.3个百分点以上，在西藏和青海等地区与全国相比差额高达0.5～0.6个百分点；而在贵州、云南和宁夏地

区，虽然整体波动幅度较小，但其人口出生率和自然增长率仍然明显高于全国总体状况。值得注意的是，内蒙古地区呈现出低度的人口自然变动，其出生率、死亡率和自然增长率均远远低于全国平均水平，全区体现出较低的生育意愿和较慢的增长态势。此外，少数民族八省区的人口死亡率整体低于全国死亡率水平，且各省、区的变动情况较为稳定。

表 1　少数民族八省区人口自然变动情况（2015—2018 年）（单位：‰）

地区	出生率				死亡率				自然增长率			
	2015年	2016年	2017年	2018年	2015年	2016年	2017年	2018年	2015年	2016年	2017年	2018年
全国	12.07	12.95	12.43	10.94	7.11	7.09	7.11	7.13	4.96	5.86	5.32	3.81
内蒙古	7.70	9.00	9.50	8.35	5.30	5.70	5.70	5.95	2.40	3.30	3.70	2.40
广西	14.05	13.82	15.14	14.12	6.15	5.95	6.22	5.96	7.90	7.87	8.92	8.16
贵州	13.00	13.43	13.98	13.90	7.20	6.93	6.88	6.85	5.80	6.50	7.10	7.05
云南	12.88	13.16	13.53	—	6.48	6.55	6.68	—	6.40	6.60	6.90	—
西藏	15.75	15.79	16.00	—	5.10	5.11	4.95	—	10.65	10.68	11.05	—
青海	14.72	14.70	14.42	14.30	6.17	6.18	6.17	6.25	8.55	8.52	8.25	8.06
宁夏	12.62	13.69	13.44	—	4.58	4.72	4.75	—	8.04	8.97	8.69	—
新疆	15.60	15.34	15.88	10.69	4.54	4.26	4.48	4.56	11.06	11.08	11.40	6.13

数据来源：主要为 2016—2018 年全国统计年鉴和各省区统计年鉴，部分省份因 2018 年国民经济与社会发展统计公报未发布而数据缺失。

（二）性别比趋于优化，城镇人口比重稳步增长

人口构成变动主要通过性别和城乡划分，直观地呈现随着年份更替男女性别比重、城乡人口比重的变化情况。由表 2 可知，从性别划分来看，2015—2017 年全国的男女性别比整体在缩小，且变动幅度不大，男性人口比重整体要高于女性。在少数民族八省区中，除西藏外，其他地区的男女性别比均呈现出与全国变动情况相一致的趋势，即男女性别比出现小幅程度的下降，男女性别失衡现象在全国和少数民族地区呈现一定程度的缓解。从城乡划分来看，全国城镇人口的比重仍以年均 1 个百分点的速度增长，变化幅度较大，城镇化速度加快。而在少数民族八省区中，除内蒙古 2015—2017 年

以年均高于全国近4个百分点的速度推动城镇化进程，宁夏基本上与全国城镇人口比重趋势相同步外，其他民族地区均呈现较全国状况而言不同程度的差距，平均水平大致低于全国城镇人口比重5～10个百分点，这一差异甚至在西藏地区高达30个百分点，由此可见少数民族地区的城镇化水平亟待提高。总体而言，各民族地区的城镇人口比重均呈现出稳步上升的趋势，且增长幅度持平或略高于全国城镇人口变动趋势。

表2　少数民族八省区人口构成变动情况（2015—2017年）　（单位：%）

地区	按性别分						按城乡分					
	男性			女性			城镇人口占比			乡村人口占比		
	2015年	2016年	2017年	2015年	2016年	2017年	2015年	2016年	2017年	2015年	2016年	2017年
全国	51.22	51.21	51.17	48.78	48.79	48.83	56.10	57.35	58.52	43.90	42.65	41.48
内蒙古	51.72	51.68	51.62	48.28	48.32	48.38	60.30	61.19	62.02	39.70	38.81	37.98
广西	52.79	52.75	52.70	47.21	47.25	47.30	47.06	48.08	49.21	52.94	51.92	50.79
贵州	51.58	51.57	51.56	48.42	48.43	48.44	42.01	44.15	46.02	57.99	55.85	53.98
云南	51.90	51.89	51.89	48.10	48.11	48.11	43.33	45.03	46.69	56.67	54.97	53.31
西藏	50.71	50.78	50.79	49.29	49.22	49.21	27.74	29.56	30.89	72.26	70.44	69.11
青海	51.03	50.96	50.74	48.97	49.04	49.26	50.30	51.63	53.07	49.70	48.37	46.93
宁夏	50.96	50.86	50.47	49.04	49.14	49.53	55.23	56.29	57.98	44.77	43.71	42.02
新疆	50.83	51.09	50.57	49.17	48.91	49.43	47.23	48.35	49.38	52.77	51.65	50.62

数据来源：为2016—2018年全国统计年鉴和各省区统计年鉴。

（三）人口老龄化程度加深，中青年比重呈下降趋势，少年儿童比重整体稳定

人口年龄构成情况通过将年龄划分为0～14岁、15～64岁和65岁及以上三个年龄段，进而分析各年龄段在总人口中所占比重以掌握人口年龄构成的变动情况。根据联合国人口学会编著的《人口学辞典》对人口老龄化的定义，当65岁及以上人口达到或超过总人口数的7%时，其人口即称为“老年型”人口，这个国家或地区的人口即处于老龄化社会。由表3可知，全国老龄化程度在2015—2018年仍然呈现出稳步增长的趋势，但其增速较缓。

在少数民族八省区中，除西藏外，其他地区均步入老龄化社会，但其比重从整体来看要不同程度地低于全国平均老龄化水平，且总体趋于稳定或呈现出较小幅度的提高。而在少年儿童（0～14岁人口）占总人口比重方面，少数民族八省区和全国平均水平均变化幅度不大，总体趋于稳定。除内蒙古外，其他民族地区的少年儿童比重均高于全国平均水平，尤其是广西、贵州、西藏、新疆等地与全国年均水平的差额高达6～7个百分点。在中青年（15～64岁）占总人口比重方面，少数民族八省区与全国的变动情况趋于一致，大部分地区呈现一定的下降趋势，劳动年龄人口规模持续缩减，其中广西、贵州两地的中青年人口比重显著低于全国平均水平，差额为4～5个百分点，中青年重要劳动力来源较全国来看具有年轻化的特点。

表3　少数民族八省区人口年龄构成情况（2015—2018年）（单位：%）

地区	0～14岁占比				15～64岁占比				65岁及以上占比			
	2015年	2016年	2017年	2018年	2015年	2016年	2017年	2018年	2015年	2016年	2017年	2018年
全国	16.50	16.70	16.80	17.80	73.00	72.50	71.80	70.30	10.50	10.80	11.40	11.90
内蒙古	13.07	12.80	13.54	13.40	77.37	77.76	75.62	76.10	9.56	9.44	10.84	10.50
广西	22.09	22.08	22.11	22.03	67.94	67.97	67.94	67.98	9.97	9.95	9.95	9.96
贵州	22.19	22.30	22.41	23.76	67.61	67.40	67.19	65.71	10.20	10.30	10.40	10.53
云南	17.50	17.44	18.01	—	73.60	73.63	72.97	—	8.90	8.93	9.02	—
西藏	23.56	24.05	23.98	—	70.73	70.97	70.23	—	5.71	4.98	5.79	—
青海	19.90	19.80	19.77	19.76	72.73	72.66	72.42	72.20	7.37	7.54	7.81	8.04
宁夏	21.86	21.63	21.71	—	70.46	70.60	69.74	—	7.68	7.77	8.51	—
新疆	21.82	22.52	22.88	—	71.05	70.25	69.84	—	7.13	7.23	7.28	—

数据来源：主要为2016—2018年全国统计年鉴和各省区统计年鉴，部分省份因2018年国民经济与社会发展统计公报未发布而数据缺失，新疆统计公报则未显示该指标相关数据。

（四）未婚人口比重较大，离婚人口比重呈上升趋势，结婚人口比重保持稳定

人口婚姻状况主要考察15岁及以上人口未婚、结婚（含丧偶）、离婚各自占总人口的比重及三年内的变动情况。由表4可知，2015—2017年，在未

婚人口占总人口比重方面，少数民族八省区和全国的变动情况整体稳定，无大幅度波动，其中内蒙古、西藏和新疆等地区均呈现较小幅度的下降趋势。值得注意的是，除内蒙古和新疆与全国基本趋于一致外，其他少数民族地区呈现未婚人口比重较高的现象，尤其是西藏地区与全国相比其差额达到了 10 个百分点。而在离婚人口占比方面，少数民族八省区和全国均呈现出不同程度的上升趋势，这可能与转型期的社会背景及市场化程度加深所带来婚恋观念的变化有关系。而在结婚（含丧偶）人口占总人口比重方面，少数民族八省区和全国整体状况均趋于稳定，并无明显的上升或下降趋势。

表 4　民族八省区 15 岁及以上人口婚姻状况（2015—2017 年）（单位：%）

地区	未婚			结婚（含丧偶）			离婚		
	2015 年	2016 年	2017 年	2015 年	2016 年	2017 年	2015 年	2016 年	2017 年
全国	19.69	18.91	18.59	78.59	79.18	79.40	1.72	1.91	2.01
内蒙古	18.61	18.53	16.37	79.40	79.57	81.66	1.99	1.90	1.97
广西	22.47	23.22	23.20	76.06	75.21	75.25	1.47	1.56	1.55
贵州	21.89	22.02	22.54	75.91	75.55	74.85	2.20	2.44	2.61
云南	21.63	21.87	23.30	76.45	76.19	74.45	1.92	1.95	2.25
西藏	30.26	30.63	27.85	67.74	67.15	69.99	2.00	2.17	2.16
青海	20.61	21.38	20.30	76.29	74.88	76.35	3.10	3.72	3.32
宁夏	20.52	19.41	22.58	77.50	78.56	75.31	1.98	2.03	2.13
新疆	19.54	19.48	18.44	77.12	76.65	77.90	3.34	3.87	3.65

数据来源：由 2016—2018 年全国统计年鉴推算所得。

（五）家庭户规模小型化趋势明显

人口家庭户规模指平均每个家庭户的人口数，这里主要考察了平均家庭户人口数在三年内的变动情况。由表 5 可知，2015—2017 年，除贵州和云南家庭户规模基本保持稳定外，全国和少数民族地区普遍出现家庭规模小型化的趋势。在家庭户规模方面，将少数民族八省区的与全国横向比较来看，除内蒙古外，其他民族地区的人口家庭户规模普遍高于全国平均水平，尤其在西藏地区这一差额超过了 1 人次。总体而言，家庭规模小型化和家庭结构简化是当前社会的主流变化趋势，少数民族地区的人口家庭户规模水平较全国来看仅是发展变化程度的不同，其整体变化趋势仍然与主流发展方向保持一致。

表 5　少数民族八省区人口家庭户规模状况（2015—2017 年）（单位：人 / 户）

地区	2015 年	2016 年	2017 年
全国	3.10	3.11	3.03
内蒙古	2.73	2.73	2.67
广西	3.51	3.46	3.44
贵州	3.20	3.23	3.24
云南	3.49	3.55	3.53
西藏	4.13	4.03	3.98
青海	3.46	3.36	3.36
宁夏	3.17	3.19	3.12
新疆	3.29	3.33	3.17

数据来源：2016—2018 年全国统计年鉴和各省区统计年鉴。

整体而言，少数民族八省区各项指标内容的变化趋势与全国总体状况的主流变动方向基本保持一致，如城镇化进程的加速、人口老龄化程度的加深及家庭规模小型化等。然而，由于受地理位置条件、经济发展状况和历史文化等因素影响的缘故，少数民族地区各项指标与全国相比仍呈现出明显的差异性。

二、少数民族健康事业发展状况

健康事业发展是社会事业发展的重要组成部分。少数民族地区人口健康事业发展关乎国家健康中国战略的顺利实施，关系着全面建设小康社会的实现。“十三五”以来，少数民族地区健康事业发展顺利，围产儿死亡率、5 岁以下儿童中重度营养不良比重总体稳定；平均预期寿命总体呈上升趋势但存在明显的地区差异；三类传染病发病率总体略有上升，死亡率总体较小且波动不大，地区间存在一定差异。

（一）围产儿死亡率、5岁以下儿童中重度营养不良比重总体稳定

世界卫生组织认定的围产儿死亡是指从妊娠满28周（胎儿体重≥1000g或身高达到35cm）至产后1周死亡的胎儿或新生儿，包括死胎、死产及早期新生儿死亡，不包括因计划生育而引产的死胎或死产围产儿；死亡率是指每千名围产儿中的死亡数，它被认为是评价一个国家或者地区医疗卫生工作和围产期保健水平的重要指标❶。

由表6可知，民族地区围产儿死亡率、5岁以下儿童中重度营养不良所占比重总体明显高于同期的全国平均水平，卫生保健状况亟待改善。少数民族地区围产儿死亡率总体变动幅度较小，但存在一定的地区差异。以下地区的围产儿死亡率在2014—2016年呈小幅度的下降趋势：内蒙古2014年的围产儿死亡率为6.30‰，相比2016年的5.96‰下降0.34‰；广西由2014年的7.74‰降至2016年6.60‰，下降1.14‰；贵州由2014年的5.44‰降至2016年的5.06‰，下降0.38‰；西藏由2014年16.75‰降至2016年16.52‰，下降0.23‰。

表6　2014—2016年民族地区围产儿死亡率和5岁以下儿童中重度营养不良比重

地区	年份	围产儿死亡率（‰）	5岁以下儿童中重度营养不良比重（%）
全国	2016	5.05	1.44
	2015	4.99	1.49
	2014	5.37	1.48
内蒙古	2016	5.96	0.57
	2015	5.54	0.60
	2014	6.30	0.84
广西	2016	6.60	3.86
	2015	7.19	4.16
	2014	7.74	4.05

❶ 庄艳艳，刘彩霞.中国围产儿死亡率地区差异可能原因及产科处置对策［J］.中国实用妇科与产科杂志，2015，31（12）：1088—1090.

续表

地区	年份	围产儿死亡率（‰）	5岁以下儿童中重度营养不良比重（%）
贵州	2016	5.06	1.26
	2015	5.04	1.21
	2014	5.44	1.10
云南	2016	7.31	1.77
	2015	7.05	1.93
	2014	7.25	2.13
西藏	2016	16.52	3.32
	2015	16.90	4.87
	2014	16.75	4.32
青海	2016	7.06	2.38
	2015	6.96	2.07
	2014	6.99	2.36
宁夏	2016	8.79	0.85
	2015	8.31	0.80
	2014	8.64	0.60
新疆	2016	14.77	1.72
	2015	14.20	2.02
	2014	14.27	2.13

数据来源：中国社会统计年鉴。

儿童期的营养供应是影响人口质量的一个重要因素。由民族地区2014—2016年5岁以下儿童中重度营养不良所占比重来看，该指标近3年的数值都较低且波动较小。其中内蒙古、宁夏两省区，3年均维持在1%以下，广西和西藏近3年该指标数值稍高于其余省份。

（二）残疾人口总数具有明显地区差异，性别结构、年龄结构总体一致

作为了解和掌握残疾人状况的重要方式与手段，残疾人口统计是促进残疾预防、康复和残疾人机会均等的政策实施基础[1]，因而残疾统计事关社会公

[1] 程昭雯，石晹，甘雪芹，张蕾，张钧，陈功.国际残疾统计发展及对中国的启示［J］.中国统计，2016（4）：10 12.

平与正义，越发受到国家和社会的重视。

由表 7 可知，残疾人口数量与该省份的人口基数有着密切联系。比如，广西、贵州、云南等人口大省，残疾人口数在 2015—2016 年均超过 100 万人。广西人口基数最大，残疾人口数 3 年间均高于 135 万人，云南人口基数仅次于广西，2014—2016 年的残疾人口统计量均超过 110 万人，贵州 3 年间的残疾人口统计数也在 100 万人左右摆动。此外，残疾人口总数的地区差异悬殊。西藏 3 年间的残疾人口统计量均不足 9 万人，青海省 3 年间也不超过 16.50 万人，与云南、广西、贵州的残疾人口统计差距很是明显。

残疾人口的性别构成总体呈现男高女低的态势。按性别构成来看，这 8 个民族省份的残疾人口均是男性占比超过女性，男性历年占比介于 52.43% ～ 62.58% 之间，女性历年占比在 37.42% ～ 47.57% 之间。

残疾人口的年龄结构总体相似，但也存在一定的内部差异。除广西外，其余 7 个省、自治区 2014—2016 年的残疾人口年龄结构均是 15 ～ 59 岁人口占比高，60 岁及以上次之，0 ～ 14 岁占比最低，而广西 3 年间均是 60 岁及以上人口占比最高，略高于 15 ～ 59 岁人口，0 ～ 14 岁人口占比最低，结构大致呈锥形。广西 60 岁及以上的残疾人在 2014—2016 年占比均超过 50%，这一数值在这 8 个民族省份、自治区中最高；而西藏 0 ～ 14 岁残疾人 3 年间的占比均超过 8.40%，高于其余 7 省、自治区。

表 7　2014—2016 年民族地区残疾人口统计表

地区	年份	总人口数（万人）	按性别分				按年龄分					
			男		女		0 ～ 14 岁		15 ～ 59 岁		60 岁及以上	
			人口数（万人）	占比（%）	人口数（万人）	占比（%）	人口数（万人）	占比（%）	人口数（万人）	占比（%）	人口数（万人）	占比（%）
全国	2016	3219.40	1908.33	59.28	1311.07	40.72	95.53	2.97	1854.39	57.60	1269.49	39.43
	2015	3145.70	1877.17	59.67	1268.52	40.33	90.85	2.89	1818.36	57.80	1236.49	39.31
	2014	2946.74	1764.82	59.89	1181.92	40.11	83.43	2.83	1735.39	58.89	1127.92	38.28
内蒙古	2016	77.13	46.32	60.05	30.82	39.95	1.54	1.99	49.65	64.37	25.95	33.64
	2015	76.44	46.29	60.56	30.15	39.44	1.49	1.95	49.67	64.98	25.27	33.06
	2014	72.40	44.03	60.82	28.36	39.18	1.36	1.90	48.10	66.44	22.92	31.66

续表

地区	年份	总人口数（万人）	按性别分				按年龄分					
			男		女		0～14岁		15～59岁		60岁及以上	
			人口数（万人）	占比（%）	人口数（万人）	占比（%）	人口数（万人）	占比（%）	人口数（万人）	占比（%）	人口数（万人）	占比（%）
广西	2016	135.17	75.93	56.17	59.24	43.83	4.55	3.36	59.94	44.34	70.68	52.29
	2015	143.25	80.44	56.15	62.81	43.85	4.37	3.05	59.07	41.23	79.82	55.72
	2014	141.56	79.24	55.97	62.33	44.03	4.14	2.93	57.52	40.63	79.90	56.44
贵州	2016	108.06	67.16	62.15	40.90	37.85	4.24	3.92	62.51	57.85	41.32	38.23
	2015	104.52	65.24	62.41	39.29	37.59	4.13	3.95	60.16	57.56	40.24	38.49
	2014	97.23	60.84	62.58	36.39	37.42	3.91	4.02	56.90	58.52	36.43	37.46
云南	2016	120.52	72.51	60.16	48.02	39.84	4.29	3.56	75.16	62.36	41.08	34.08
	2015	118.77	71.78	60.43	46.99	39.57	4.30	3.62	73.23	61.65	41.24	34.72
	2014	113.37	68.56	60.47	44.81	39.53	4.14	3.65	70.59	62.26	38.64	34.09
西藏	2016	8.93	4.68	52.43	4.25	47.57	0.80	8.90	5.96	66.68	2.18	24.42
	2015	8.54	4.50	52.69	4.04	47.31	0.73	8.54	5.58	65.41	2.22	26.05
	2014	7.57	3.99	52.73	3.58	47.27	0.64	8.42	5.02	66.34	1.91	25.24
青海	2016	16.46	9.41	57.17	7.05	42.83	0.89	5.38	10.68	64.88	4.90	29.74
	2015	15.34	8.89	57.96	6.45	42.04	0.85	5.55	10.15	66.14	4.34	28.31
	2014	14.33	8.37	58.40	5.96	41.60	0.79	5.49	9.66	67.44	3.88	27.07
宁夏	2016	22.91	12.66	55.27	10.25	44.73	0.80	3.50	13.07	57.04	9.04	39.46
	2015	22.77	12.64	55.51	10.13	44.49	0.82	3.62	12.88	56.55	9.07	39.83
	2014	21.84	12.14	55.60	9.70	44.40	0.80	3.68	12.53	57.37	8.51	38.96
新疆	2016	47.64	28.60	60.04	19.04	39.96	3.16	6.63	33.16	69.59	11.33	23.78
	2015	47.49	28.65	60.32	18.84	39.68	2.89	6.08	32.62	68.69	11.98	25.23
	2014	45.43	27.46	60.46	17.96	39.54	2.57	5.65	31.57	69.49	11.29	24.86

数据来源：2015—2017年中国人口年鉴。

（三）平均预期寿命总体呈上升趋势，存在地区差异，且性别差距拉大

在人口学领域，平均预期寿命是预测人口寿命长短的一个重要指标，也是反映一个国家或民族整体健康水平、生活质量、社会综合发展水平的

重要标志❶。

由第四次第五次、第六次全国人口普查（以下分别简称“四普”“五普”“六普”）数据来看，与同期全国平均水平相对比，民族地区的平均预期寿命较低，尤其是青海、西藏、云南等省、区与全国平均水平差距明显。另一方面，这种差距在逐年缩小，比如1990年西藏地区的平均预期寿命与全国相差8.91岁，而到了2010年，这一数值降为6.66岁；青海与全国的差距由1990年的7.98岁降至2010年的4.87岁。

民族八省区人口平均预期寿命总体呈现增长趋势。其中，新疆的增幅最为明显。1990年，新疆总体人口平均预期寿命为62.59岁，2000年的五普数据显示达到了67.41岁，而到了2010年这一数值为73.35岁，相比20年前平均预期寿命延长了10.76岁。青海由1990年的60.57岁增至2010年的69.96岁，20年间平均预期寿命延长了9.39岁。其余省、自治区在20年间人口平均预期寿命延长数值排序依次为：内蒙古8.76岁，西藏8.53岁，宁夏6.44岁，广西6.39岁，云南6.05岁，贵州4.14岁。这与近几十年来民族地区的社会经济的高速发展，医疗卫生水平的提高，人们健康意识的提升等因素有着密切的联系（见表8）。

表8　民族地区人口平均预期寿命　（单位：岁）

地区	1990年			2000年			2010年		
	合计	男	女	合计	男	女	合计	男	女
全国	68.55	66.84	70.47	71.40	69.63	73.33	74.83	72.38	77.37
内蒙古	65.68	64.47	67.22	69.87	68.29	71.79	74.44	72.04	77.27
广西	68.72	67.17	70.34	71.29	69.07	73.75	75.11	71.77	79.05
贵州	64.29	63.04	65.63	65.96	64.54	67.57	71.10	68.43	74.11
云南	63.49	62.08	64.98	65.49	64.24	66.89	69.54	67.06	72.43
西藏	59.64	57.64	61.57	64.37	62.52	66.15	68.17	66.33	70.07
青海	60.57	59.29	61.96	66.03	64.55	67.70	69.96	68.11	72.07

❶ 张文娟，魏蒙. 中国人口的死亡水平及预期寿命评估——基于第六次人口普查数据的分析［J］. 人口学刊，2016，38（3）：18-28.

续表

地区	1990年			2000年			2010年		
	合计	男	女	合计	男	女	合计	男	女
宁夏	66.94	65.95	68.05	70.17	68.71	71.84	73.38	71.31	75.71
新疆	62.59	61.95	63.26	67.41	65.98	69.14	73.35	70.30	74.86

数据来源：2017年中国社会统计年鉴。

民族地区人口的平均预期寿命存在差异。六普数据显示广西的人口平均预期寿命最高，为75.11岁，西藏最低，为68.17岁。除了地区社会经济发展差距之外，两个民族省份的自然生态环境差异也是导致极差相距近7岁的重要因素。

除西藏外，其余7个民族地区平均预期寿命的性别差异呈现出增大的趋势：女性平均预期寿命高于男性，显示了女性的生存优势。通常而言，女性的平均预期寿命会高于男性。从四普、五普、六普数据均可发现，这8个民族地区的男性平均预期寿命均低于女性。其中，广西的男女平均预期寿命差由1990年的3.17岁增大到2010年的7.28岁。贵州的男女平均预期寿命差由2.59岁增大到5.68岁，内蒙古由2.75岁增大到5.23岁，云南由2.9岁增大到4.37岁，青海由2.67岁增大到3.96岁，宁夏由2.10岁增大到4.40岁，新疆由1.31岁增大到4.56岁，而西藏则由原来的3.93岁降至3.74岁。

三、少数民族人口与健康发展面临的问题与对策建议

通过对少数民族八省区人口和健康事业发展的数据进行分析，少数民族地区人口和健康的各项指标均有明显进步，但仍存在人口健康指标如围产儿死亡率和5岁以下儿童中重度营养不良比重高、人口预期寿命低于全国平均水平等问题。针对少数民族地区人口和健康发展中所呈现的问题，现提出相应的政策建议以供参考。

（一）健全公共卫生服务体系，加强医疗服务体系建设

公共卫生服务体系和医疗服务体系建设关系少数民族地区人口的健康发展。要进一步帮扶少数民族地区政府完善重大疾病防控、健康教育、妇幼健

康等公共卫生服务网络，进一步提高传染病、慢性病、地方病、职业病和出生缺陷、发育障碍等监测、预防和治疗能力。健全卫生和计划生育综合监督执法体系，完善食品药品安全标准及风险评估、监测预警、应急处置体系和饮用水卫生监测体系。推进卫生应急体系建设，强化突发急性传染病防控能力和紧急医学救援能力。加大医疗卫生人才综合培养力度，根据医疗服务需求，新增医疗卫生资源重点向民族地区倾斜，支持有条件的民族地区发展远程医疗，支持民族地区流动医院建设。

（二）完善社会保障制度，健全基本社会服务体系

少数民族地区社会保障制度建设对于民族地区整体的人口和健康事业发展具有宏观的保障意义。完善的社会保障和社会服务体系，有助于少数民族地区教育、医疗和卫生事业发展及提高少数民族人口素质。要稳步实施民族地区全民参保计划，基本实现法定人员全覆盖。整合城乡居民基本医疗保险制度，全面实施城乡居民大病保险制度，加强与医疗救助等制度的衔接，健全重特大疾病医疗保障机制。完善民族地区基本社会服务机制，在养老服务、社会救助、社会福利、优抚安置等方面为各族群众提供保障。加强对留守儿童、特困人员、残疾人等特殊人群的社会服务。支持少数民族特色养老机构、农村特困救助供养服务机构、残疾人服务机构和殡葬服务设施建设。

参考文献

［1］程昭雯，等.国际残疾统计发展及对中国的启示［J］.中国统计，2016（4）：10–12.

［2］庄艳艳，刘彩霞.中国围产儿死亡率地区差异可能原因及产科处置对策［J］.中国实用妇科与产科杂志，2015，31（12）：1088–1090.

［3］张文娟，魏蒙.中国人口的死亡水平及预期寿命评估——基于第六次人口普查数据的分析［J］.人口学刊，2016，38（3）：18–28.

［4］廖娟.西南三省少数民族地区医疗资源配置问题浅析［J］.医学与法学，2018，10（6）：69–73.

专题报告

北京市城市民族工作的发展趋势与对策研究*

包路芳**

一、引言

北京自古以来多民族汇聚，作为一个民族成分齐全的散杂居城市，55个少数民族都有人口在京工作、学习和生活，北京由此成为中华民族多元一体格局的生动缩影。随着中国特色社会主义进入新时代，北京明确了“全国政治中心、文化中心、国际交往中心、科技创新中心”的新功能定位，全国文化中心建设背景下北京民族工作的重要性日益显现。城市民族工作不仅限于少数民族的工作，也是打造多元城市文化、增加城市活力、建设国际一流和谐宜居之都的重要组成部分。2016年，全国城市民族工作会议第一次以工作会议的形式对城市民族工作进行安排部署，意味着随着民族工作重心的转移，城市民族工作日益成为民族工作的重点。

有学者指出，全国一半以上人口生活在城市，1/3

* 本报告为北京市社科基金项目《北京宗教和谐共生调查研究》（项目编号17ZXB004）的阶段性成果。

** 包路芳，北京市社会科学院社会学所研究员。

左右的少数民族常住城市[1]，城市寄托着各族人民对美好生活的向往。2010 年第六次全国人口普查数据显示，北京市有少数民族人口 80.1 万人，约占全市总人口的 4.1%，来京少数民族流动人口持续增长。少数民族人口比例虽小，但具有民族成分全、分布面宽、联系面广、人才荟萃、影响力大、国内外交往频繁等特点。目前，我国少数民族人口城镇化率只有 30% 多，比全国平均水平低近 20 个百分点，按照全面建成小康社会的既定目标，将来会有更多少数民族进城。“少数民族同胞进入城市，是历史发展的趋势。”[2]因此，应深刻把握新时代北京民族关系和民族工作的新形势新要求，秉承爱国、创新、包容、厚德的北京精神，发挥首都凝聚荟萃、辐射带动、创新引领作用，进一步扎实做好城市民族工作，扩大交往交流交融，努力构建新时代首都北京各民族共建共享的城市家园。

二、北京市少数民族和民族工作面临的新情况和新形势

1949 年 9 月颁布的《共同纲领》用法律的形式确定了中国境内各民族不论大小一律平等，我国的民族关系转变为平等、团结、共同发展，民族关系发生了根本转变。中华人民共和国成立的前十年，是北京民族关系的奠基时期，各民族人才从祖国的四面八方来到首都工作、学习和经商。改革开放以来，我国进入了各民族跨区域大流动的活跃期，大量少数民族涌入城市，给城市发展带来了生机与活力。当前，首都北京已经进入了一个全新的发展阶段，全面推进以改善民生为重点的社会建设，打造文化繁荣、开放包容的首善之城和国际一流和谐宜居之都。大量少数民族人口的到来丰富了北京市的多元文化，族际交往日益多元化，少数民族城市化、城市多民族化和文化多元化趋势日益明显。

（一）北京市少数民族分布日益散杂化，互嵌社区渐趋增多

北京市作为一个多民族交错杂居地区，少数民族人口分布始终保持着

---

[1] 金向德. 我们的城市共同的家园——深圳、上海、南京城市民族工作略记［J］. 中国民族，2017（6）.

[2] 中央民族工作会议暨国务院第六次全国民族团结进步表彰大会在北京举行［EB/OL］.（2014-09-29）［2019-03-08］. http://news.xinhuanet.com/2014—09/29/c_1112683008.htm.

“大分散、小聚居”的居住特点。随着北京市城市化进程的全面推进，城市少数民族原有的居住状况逐渐改变。特别是近些年北京市实施旧城拆迁改造及城市化进程加快，各少数民族人口绝对数量不断上升，民族间的交往日益频繁，人口散杂居状况日趋明显。少数民族人口分布出现从城市中心区向远近郊分散转移的趋势，城乡接合部少数民族人口增多，单一民族居住的街道已不存在，互嵌社区渐趋增多，“大分散、小聚居”特点更加明显。

根据2010年的“六普”数据，从功能区分布看，首都功能核心区的少数民族人口12.3万人，占全市少数民族人口的15.4%，比2000年减少0.9万人，比重下降了7.1个百分点；城市功能拓展区为36.8万人，占45.9%，比2000年增加8.9万人，比重下降了1.8个百分点；城市发展新区少数民族人口为22.3万人，占全市少数民族人口的27.8%，比2000年增加11.1万人，比重上升了8.7个百分点；生态涵养区少数民族人口8.7万人，占全市少数民族人口的10.9%，比2000年增加2.4万人，比重上升了0.2个百分点。原城区少数民族聚居规模逐渐缩小，杂居状况日趋突出，民族成分呈现多元化特点。54.2%的满族人口集中在海淀、朝阳、丰台、密云、怀柔五个区；67.2%的回族人口集中在朝阳、西城、海淀、丰台、通州五个区；51.5%的蒙古族人口集中在海淀、朝阳、昌平三个区；58.1%的朝鲜族人口集中朝阳区和海淀区。

“大杂居、小聚居”是当前北京市少数民族人口居住形式的具体表现，新的地缘关系的形成，为城市不同民族间的交往、交流提供了机会与空间。一些原民族乡村转制为城市社区，形成了规模较大的新的城市民族聚居社区。少数民族人口占所在地区人口比重在20%～49%的有10个，主要分布在牛街、马甸、上地等地区，以及经历了旧村改造和市政征地的农村地区[1]。目前，北京市少数民族主要分布在13个民族工作重点街道和5个民族乡、

[1] 良警宇.北京市拆迁改造后少数民族新聚居状况调查报告［M］//戴建忠.北京社会发展报告（2010—2011）.北京：社会科学文献出版社，2011：70.

116个民族村。北京市16个区县都有少数民族居住和工作，而且每一个区县都至少有30个以上的少数民族。其中，朝阳区和海淀区有55个少数民族，少数民族人口数量分布较多。东城、西城、丰台、昌平、石景山、房山、通州、顺义、大兴等9个城区具有40个以上的少数民族，少数民族人口分布范围广泛，这在全国其他城市都很少见。随着族际交往日益常态化，有效地促进了北京各民族间的交往交流交融。

（二）北京市少数民族人口特别是流动人口持续增长，城市民族工作重点发生转变

20世纪90年代初，每天涌入北京的少数民族流动人口至少占总流动人口的1/10。[1]2010年“六普”时，北京市少数民族流动人口有29.56万人。粗略估算，当前北京市少数民族流动人口近100万。少数民族流动人口主要来自河北、吉林、甘肃、内蒙古、新疆等地区，呈大分散、小聚居分布，散杂居特征日益明显。随着城市化的迅速发展，北京市少数民族流动人口数量也将持续增加。

虽然北京市少数民族流动人口所占比例不大，但民族成分较全且结构趋于复杂。当前，针对少数民族流动人口的公共服务和社会保障不足，城市民族工作在协调解决经济、就业、教育、治安、医疗等纠纷上，缺少有效手段，往往依靠民族干部和少数民族代表人士进行调解，难以形成规范化和高效化的工作。正如习近平总书记所指出的，少数民族同胞进入城市存在“三个不适应”，即“进城的少数民族群众对城市的生活和管理方式、城市居民对他们的某些生活和行为方式以及我们的工作方式和管理机制等都不能很好适应”[2]。

随着北京市少数民族流动人口持续增长，城市民族工作正在发生“五个转变”：即从封闭的工作体系向更加多样开放转变；从常住人口向流动人

[1] 沙之沅.在中国都市人类学成立大会上的讲话［Z］.中国都市人类学会通讯，1999（1）.

[2] 王正伟.重在平时重在交心——关于民族工作贯彻群众路线的思考［N］.人民日报，2014-02-26.

口转变；从临时应对向长效机制转变；从单纯为外来少数民族排忧解难向引导外来少数民族融入城市社会转变；从单纯的服务管理向重引导、求平衡转变。过去的民族工作主要围绕少数民族常住人口展开，伴随城市化的进程和人口流动的加剧，少数民族流动人口的服务管理工作已成为城市民族工作新的重点和难点，成为影响城市民族关系的重要方面。

（三）城市化进程加快和多元化的利益诉求，对城市民族工作提出了新的要求

社区是城市民族工作的基础，拆迁改造后的少数民族聚居社区正在重组。随着少数民族物质和精神生活水平的提高，他们的平等意识、自我意识、发展意识正在逐步增强，要求尊重本民族的风俗习惯、历史传承和宗教信仰。同时，随着北京市少数民族流动人口民族成分增多及分散聚居，针对少数民族流动人口的服务和管理任务将越来越重，这给城市民族工作和城市治理提出了新的更高的要求，带来了严峻挑战。

（四）民族工作社会化参与程度不高，社会化格局有待形成

随着北京市各民族交往联系更加紧密，民族关系日益成为一种全社会范围的关系，深入到首都生活的方方面面，由此带来影响民族关系的因素也越来越多样化、日常化和复杂化。城市民族工作范围不断扩大，在民族工作和城市工作中的分量越来越重，城市民族工作已不再仅仅是民族工作部门的事，已经成为城市治理工作的一个重要组成部分。但是，与北京城市民族问题的复杂多样性相比，城市民族工作能力还有待提升。当前，北京市少数民族流动人口服务管理工作缺乏疏融机制，人口流入地和流出地缺乏有效的对接、信息数据共享不足。对于少数民族流动人口为首都北京经济社会发展作出的贡献、好人好事等正面典型形象的宣传，还远远不够。需要进一步加强对党的民族工作方针政策、民族知识的宣传力度和效果，形成全社会的共同参与。此外，北京城市民族工作相关法律条例应及时跟进城市化和少数民族人口流动变化的现实情况，以适应民族工作的新形势和新要求。

三、创新城市民族工作，促进各民族交往交流交融

首都北京的特殊地位和作用，使其民族工作在城市工作和我国民族工作中的地位与作用越来越突出。面对新时期北京市民族工作的新形势新任务，不断加强和创新北京城市民族工作的社会服务和管理机制，做好北京市少数民族的工作，进一步提升首都民族事务治理能力，对全国的民族团结、社会稳定和经济发展具有重要意义。其中，促进首都北京少数民族流动人口的城市融入，促进各民族的交往交流交融，是新时代有效提升城市民族工作的关键所在。

（一）充分发挥北京政治中心、文化中心和国际交往中心优势，营造民族团结氛围，构建和谐的民族关系

北京历史上就是一个多民族共同居住的城市，各民族文化在此汇聚交融。持续增长的少数民族人口作为宝贵的人力资源和多元文化的承载者，带来了丰富多样、异彩纷呈的民族文化，为首都文化事业的大发展大繁荣源源不断地注入活力，也展现了首都北京美美与共、和而不同的形象。正如党的十九大报告中习近平总书记强调的："深化民族团结进步教育，铸牢中华民族共同体意识，加强各民族交往交流交融，促进各民族像石榴籽一样紧紧抱在一起，共同团结奋斗、共同繁荣发展。"[1] 在民族政策的宣传上，要充分发挥北京市的政治中心、文化中心和国际交往中心优势，大力营造各民族"共同团结进步、共同繁荣发展"的舆论氛围和文化包容的社会环境，贯彻"汉族离不开少数民族、少数民族离不开汉族、少数民族之间相互离不开"的思想；积极引导北京广大市民和少数民族常住人口、流动人口树立"北京是全国人民的首都"意识，发扬包容厚德的北京精神，充实人文北京的内涵；深入开展平等、尊重、关爱、融入的城市民族工作宣传教育活动，宣传少数民族在京创业的典型事迹和好人好事。

[1] 习近平.决胜全面建成小康社会 夺取新时代中国特色社会主义伟大胜利［M］.北京：人民出版社，2017：40.

此外，加快推进民族团结宣教创建制度化。加强民族关系监测预警分析研判，依法妥善处理影响民族团结的矛盾纠纷，依法严厉打击破坏民族团结的一切行为；通过进一步开展民族团结进步示范社区等创建活动，有效化解矛盾纠纷，推动共居共事共乐，促进交往交流交融；充分运用新技术、新媒体，探索群众喜闻乐见的宣传教育方式，提高民族团结进步宣传教育的实效性、时代性、吸引力；通过民族团结进步创建典型的培育和宣传，营造各族人民互相尊重、互相学习、互相帮助及共享城市文明的良好氛围，不断巩固和发展“平等、团结、互助、和谐”的社会主义民族关系，在国际上展现北京作为国际化大都市的多元文化和谐共荣。

（二）保障和改善少数民族生产生活条件，构建互嵌社区

保障和改善少数民族生产生活条件是城市民族工作的出发点和落脚点，是贯彻落实党和国家民族政策的具体体现。

第一，北京市要加快发展城市民族经济，将其纳入地方总体经济规划。通过出台相关优惠政策，加大对城市民族贸易和少数民族用品生产定点企业的扶持力度，引导和鼓励各民族群众从事民族特需品供应、民族餐饮业等具有民族特色产业的生产经营活动，推进民族企业的产业化、规模化、现代化发展进程。

第二，要积极保障城市化过程中土地被征用、居住进行重组的世居少数民族群体的合法权益，尊重他们的生活习俗，构建覆盖城乡的民族特色服务体系，把少数民族权益保障落到实处。随着传统的世居少数民族聚居格局被打破，少数民族社区的杂居程度进一步提高，互嵌社区日益增多。在征地和拆迁改造过程中，优先对少数民族相对聚居的街道社区推进整体规划改造，优先建设基础设施，优先改善服务环境，形成一批民族团结示范社区和互嵌社区。同时，注重保障征地少数民族的长远生计问题，关注少数民族失业职工和特困人口的实际困难，在解决其基本生活保障的同时，设法通过技能培训等途径为其创造再就业的机会。

第三，随着少数民族流动人口不断进入北京，城市多民族嵌入式社区逐步增加。社区内民族人口分布呈现交错杂居、多民族融合的特点，不同民族之间的嵌合越来越深入，城市民族工作的基础和重心日益向基层延伸和沉淀。因此，进一步健全区、街道、社区三级网络，构建现代化城市民族事务治理体系。特别需要强调的是，民族杂居社区并不完全等同于当前所倡导的民族互嵌社区。杂居社区只是互嵌社区的一种初级形态，由杂居社区到互嵌社区的转变，需要鼓励和推动少数民族参与到社区管理和社区活动中，促进各民族相互了解、相互包容和相互欣赏。

第四，现阶段我国的民族事务特别是与城市功能相关的民族事务，呈现出越来越明显的公共事务特征。因此，北京市要大力推进基本公共服务均等化，健全基本公共服务体系，以提供平等、公平的公共服务为原则，实现少数民族流动人口公共服务全覆盖，共享发展成果；认真贯彻执行2011年国家民委、民政部出台的《关于加强新形势下社区民族工作的意见》，加强社区为少数民族流动人口的服务与管理；顺应各民族交往交流交融的大趋势，通过加强顶层设计，协调解决少数民族流动人口劳动就业、子女入学、医疗保障、法律援助等方面的实际困难，全面提升城市包容度和向心力。同时，处理好公共服务均等化与对少数民族优惠照顾的关系，充分尊重少数民族的宗教信仰和风俗习惯，逐步消减少数民族流动人口与城市居民之间的隔阂。

（三）加强少数民族流动人口信息化平台建设，提升城市民族工作的智慧化

城市民族事务治理信息化水平，就是指治理主体在治理过程中通过运用先进的信息技术，提升治理城市民族事务的效率和水平，满足城市民族事务治理需要的信息化建设过程。“互联网 +”与城市少数民族流动人口治理的融合，为解决当前城市民族事务治理困局提供了技术路径，有利于提升民族工作管理和服务能力。首先，进一步完善北京市少数民族流动人口管理与服务信息化平台建设。加强对在京少数民族流动人口的信息采集登记，形成少数民族流动人口基础信息数据库，对全市少数民族流动人口情况做到底数清、情况明，及时更新相关信息，实行动态监测。其次，推动传统的信息数据统计模式向“互联网+”的大数据平台转变，为新时代民族工作注入强大动能，提升城市民族工作的智慧化水平。

习近平总书记在中央民族工作会议上曾旗帜鲜明地指出：对少数民族进城，要持欢迎的心态，强调对少数族流动人口不能采取“关门主义”的态度，也不能采取放任自流的态度，让城市更好接纳少数民族群众，让少数民族群众更好地融入城市。[1] 当前北京的城市民族工作，尤其是针对外来少数民族流动人口的民族工作，急需整体思路上的转变。一要以实施居住证制度为抓手，引导少数民族人口合理有序流入城市。通过认真贯彻落实2011年出台的《关于加强和改进少数民族流动人口服务管理工作的意见》，推动跨地区、跨部门协作，健全少数民族流动人口服务管理协调机制。二要通过包容引导，协调各部门共同维护来京少数民族合法权益，进一步提升首都的向心力。特别是要完善与少数民族流动人口重点流出地省区的对接机制，积极探索建立跨区域的民族工作机制。三要通过少数民族人口输出地与输入地的有效对接，共同处理少数民族流动人口服务和管理中遇到的各类问题，引导少数民族人口有序流入城市，共同做好少数民族流动人口的服务管理工作。

（四）创新首都城市民族工作，推进民族事务治理社会化

党的十九大提出的“打造共建共治共享的社会治理格局”，为创新城市民族工作指明了方向。城市民族工作需要的是整体思路的转变，首先，需要我们从城市发展战略上对民族工作进行重新定位，城市民族工作并不简单是与少数民族有关的工作，而是与城市建设、城市规划、城市未来发展息息相关的大事。因此，要提升首都北京城市民族工作的思路，将民族工作放到大的城市建设格局中进行理解，将民族工作纳入到总体城市战略中加以考虑，这对于提升民族工作的重要性，从根本上打造民族工作的社会化格局具有重要意义。做好城市民族工作，需要有中央的相关政策支持，尤其作为首都、作为全国文化中心的北京，要紧跟时代脉搏和社会发展步伐，认真贯彻落实

[1] 中央民族工作会议暨国务院第六次全国民族团结进步表彰大会在北京举行［EB/OL］.（2014-09-29）［2019-03-08］. http://news.xinhuanet.com/2014—09/29/c_1112683008.htm .

党和国家的民族政策，制度创新应该走在前列，需要具备勇于探索、勇于创新的精神和勇气。

民族工作体系庞大、内容繁杂、事务繁多，民族工作部门已无法仅靠自身力量，去应对点多面广的复杂局面，需要各有关部门统一思想，密切合作，形成合力，共同推进。城市民族事务治理机制社会化，就是要把民族工作从过去一元单向的部门管理，转变为民族事务多元交互的共同治理，推进城市民族事务治理主体多元化，形成党委领导、政府负责、社会协同、公众参与的城市民族事务治理新格局，实现政府治理和社会调节、居民自治的三元良性互动，提高城市民族事务治理社会化、智能化、专业化、精细化水平。同时，推动民族工作重心下移与资源下沉，把民族事务治理纳入城市街道、社区工作职责，激发各族居民参与本社区民族事务治理的主动性和创造性，推动实现社区共建共治共享。

（五）强化法制建设，提高城市民族工作法治化和规范化水平

要进一步做好立法工作，完善城市民族工作法规体系。要加快城市民族政策法规的“立、留、改、废”进程，结合城市民族工作的新变化、新情况，抓紧修订 1993 年国务院颁布实施的《城市民族工作条例》，切实增强针对性、实效性和可操作性，增加对少数民族流动人口权益保障的规定、规范；适时制定出台《散居少数民族权益保障条例》《少数民族流动人员权益保障条例》等相关法律法规，切实把城市民族事务治理的各方面全部纳入法治轨道，不断完善城市民族工作法律法规体系。

北京市要逐步健全“地方性法规—市政府规章—各部门规章制度”的民族法制体系，使民族政策法规为各级党委政府和社会各界所熟悉，以推动民族工作制度化、规范化。同时，建立和完善民族政策法规执行情况的督促检查监督机制，引导少数民族流动人口自觉遵守国家法律和城市管理规定，坚持是什么问题就按什么问题处理，依法治理民族事务，依法保障各民族合法权益，做到有法必依，执法必严，违法必究。在法律规范下，保证城市民族关系的巩固与发展。

四、结语

根据北京“全国政治中心、文化中心、国际交往中心、科技创新中心”的新功能定位和疏解非首都功能的要求，当前及今后一个时期是优化提升首都功能的重要阶段。改革开放40年间，随着我国城镇化持续加快，越来越多的少数民族进入城市，城市的散居性持续增强，各民族交往交流越来越频繁，影响城市民族关系的因素越来越复杂，对城市民族事务治理能力的要求也越来越高。

习近平总书记在党的十九大报告中提出，新时代我国社会主要矛盾是人民日益增长的美好生活需要和不平衡不充分的发展之间的矛盾，必须坚持以人民为中心的发展思想，不断增强各族人民的获得感。因此，要深刻把握新时代首都北京城市民族工作的新形势新要求，进一步发挥好首都的示范作用和辐射带动功能，切实提高处理民族领域重点难点问题的能力，提升民族事务治理现代化水平，使首都民族工作主动适应新时代的历史要求，尊重差异、包容多样，促进各民族交往交流交融，让首都北京的改革发展成果惠及各族人民，增强各族群众的获得感、幸福感和安全感，维护民族团结和社会稳定。

上海市少数民族流动人口的居留状况和城市适应研究

高向东　何　骏　王新贤*

数据显示，截至2018年年底，上海市少数民族流动人口已经达到27.81万人，少数民族流动人口远远超过了少数民族户籍人口，少数民族流动人口的增长速度明显高于全市总人口的增长速度。少数民族流动人口的突出问题是城市适应与融入问题，少数民族流动人口在城市适应方面面临着城乡流动和跨民族交往的双重挑战与考验。“安居才能乐业”，为了提高少数民族流动人口在城市的融入度，需要更多关注和准确掌握少数民族流动人口的基本生存状况，充分了解这一群体的城市居住状况及其影响因素，努力解决其居住问题，这对做好城市少数民族流动人口的服务管理、构建新形势下和谐的民族关系具有重要的理论意义和现实意义。

* 高向东，华东政法大学公共管理学院教授；何骏，华东师范大学公共管理学院博士研究生；王新贤，华东师范大学公共管理学院博士研究生。

一、上海市少数民族流动人口基本状况

（一）数量增长快且族别全

近年来，上海市少数民族流动人口数量增长迅速，2000年“五普”时为4.39万人，2005年1%抽样调查时已发展到8.16万人，至2009年年底增至19.48万人。2013年9月，上海市少数民族流动人口已经达到26.57万人。同期，少数民族流动人口占上海市流动人口总数的比重也由2000年的1.10%提高到2013年的2.76%，并且，少数民族流动人口数已超过户籍少数民族人口数。最新数据显示，2018年上海市少数民族流动人口达到27.81万，且55个少数民族俱全。其中，人数在2万人以上的有5个少数民族：土家族、苗族、回族、朝鲜族和壮族，合计达15.66万人，占少数民族流动人口总数的58.95%。人口数在2万人以下5000人以上的少数民族有满、彝、侗、蒙古、布依、哈尼、维吾尔、瑶和白等9个民族。其他少数民族人口都在5000人以下，个别少数民族人口数在个位数水平。

（二）来源地分布广且相对集中

数据显示（见表1），从在沪少数民族流动人口来源地看，总数排名前五位的来源地分别为贵州、云南、湖南、广西和吉林。来自贵州的少数民族所占比重最高，占在沪少数民族流动人口总数的21.25%，来自云南的占12.01%，来自湖南的占8.52%，来自广西的占7.33%，来自吉林的占6.02%。

表1　2018年在沪少数民族流动人口来源地分布

来源地	百分比（%）	来源地	百分比（%）	来源地	百分比（%）
贵州	21.25	新疆	3.02	江西	0.47
云南	12.01	黑龙江	2.85	广东	0.45
湖南	8.52	河南	2.48	宁夏	0.44
广西	7.33	内蒙古	2.00	北京	0.42
吉林	6.02	江苏	1.49	西藏	0.33
湖北	4.80	甘肃	1.42	陕西	0.26
安徽	4.74	福建	1.19	天津	0.21
四川	4.30	浙江	1.19	山西	0.09

续表

来源地	百分比（%）	来源地	百分比（%）	来源地	百分比（%）
辽宁	4.01	河北	0.93	其他	0.02
重庆	3.40	山东	0.62		

（三）受教育程度总体较低且与留沪时间成正比

受教育程度是人力资本考量的重要因素，受教育程度的高低很大程度上影响着人口的就业选择、职业特征等。流动人口的文化水平低则会导致其无法从事对职业技能要求较高的工作，导致就业方向低端化，职业的非正规化，工作更换频繁化，进而影响到居住选择和质量。一个人受教育程度的高低会影响其社会地位，受教育水平越高，意味着社会资源的获得可能性更高，收入和地位也会随之得到有效提升，从而影响居住意愿和居留决策行为。

上海市少数民族流动人口中以初中学历的人为主，约占 54.51%，超过了总人口数的一半；另外还有 14.72% 的人为高中毕业，初中以下（不包括初中学历）文化程度的占 14.71%。从接受高等教育的群体来看，在沪的少数民族中，具有专科、本科、研究生学历的分别占总数的 5.72%，8.22% 和 0.89%，即专科（包括专科学历）以上文化程度的少数民族比重为 14.83%（如图 1）。

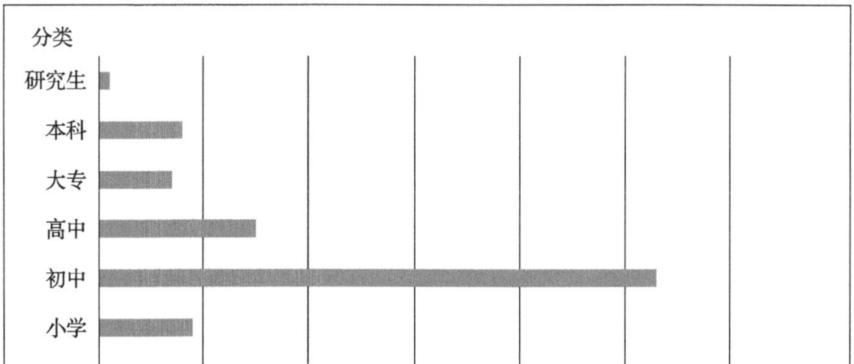

图 1　在沪少数民族受教育状况

从不同受教育程度和居住年限来看，本科和研究生学历的在沪居住时间较稳定，各时间段分布较平衡；在沪一年以内不稳定因素较大，可参考性不强，居住一年以上的参考性较大。从表2可看出，随着受教育程度的降低，低学历水平的在沪群体居住时间更短，研究生、本科和大专学历的少数民族在沪居住5年以上的比重分别为5.07%，7.17%和5.28%。而人数占比较大的初中教育水平的在沪少数民族的居住时间明显较短，居住1～2年的人数占16.21%，居住5年以上的人口数仅占2.37%。小学学历的少数民族居住时间更短，居住5年以上的人口比重为1.73%。可以看出，文化程度对于在沪居住时间的长短具有正相关影响。

表2　在沪少数民族流动人口文化程度与留沪时间　　（单位：%）

文化程度	0～1年	1～2年	2～3年	3～4年	4～5年	5年以上
研究生	77.46	7.81	3.54	3.30	2.82	5.07
本科	71.02	8.88	5.01	4.67	3.25	7.17
大专	61.46	13.37	7.56	6.79	5.53	5.28
高中	57.89	16.55	9.76	7.81	5.09	2.90
初中	59.46	16.21	8.80	7.31	5.85	2.37
小学	58.97	17.74	9.25	7.11	5.19	1.73

（四）在沪目的主要为务工与经商

就在沪原因来说，可分为经济原因和社会原因两部分。经济原因包含务工、经商、务农、服务、保姆、人才引进等方面；而社会原因包括出差、借读、治病疗养、投靠亲友、旅游观光等方面。由表3可以看出，经济原因是少数民族流动人口在沪的主要原因，占总体的45.35%，而社会原因仅占总量的10.62%。在经济原因中，务工为首要在沪原因，占总体的40.83%；其次为经商，占1.70%。在社会原因中，投靠亲友占比较大，占总体的5.80%；其次为借读培训，占4.23%，其他原因占比均不大。

可以说，经济原因是流动人口外迁到发达地区的主要原因。然而，大多数在沪少数民族流动人口文化程度不高，缺乏专业技能，无法适应对学历和工作技能要求较高的工作，只能从事一些技术要求相对较少，工资收入较低的工种。

从男性和女性的角度看来，在经济因素赴沪群体中，以务工和经商为目的的男性所占比重明显高于女性，分别为57.46%和59.37%。女性在服务和保姆两项的占比明显高于男性。在赴沪的社会原因中，女性在投靠亲友和探亲访友两项的占比明显高于男性。这说明相比于男性的务工经商，女性更倾向于依靠亲友的链式途径赴沪。从在沪原因的数据能初步窥探出少数民族流动人口分性别的社会分工特性。

表3　少数民族流动人口在沪原因分性别对比分析　（单位：%）

在沪原因	总占比	男性	女性
务工	40.83	57.46	42.54
经商	1.70	59.37	40.63
务农	0.43	47.56	52.44
服务	0.25	33.33	66.67
因公出差	0.02	68.89	31.11
借读培训	4.23	49.76	50.24
治病疗养	0.03	47.25	52.75
投靠亲友	5.80	35.39	64.61
保姆	0.04	9.73	90.27
探亲访友	0.86	38.06	61.94
旅游观光	0.04	42.98	57.02
人才引进	2.14	48.08	51.89
其他	43.63	50.34	49.66

（五）主要分布于建筑与餐饮行业且收入水平总体较低

在沪的少数民族流动人口主要来自西南部地区（云南、贵州、湖南、广西等），其中大多数没有接受过高等教育，很多甚至在基本的语言交流方面都有困难，在大城市中无法从事那些对技术和学历要求较高的高收入行业，只能从事制造业、建筑、餐饮服务等一些对学历要求较低的行业，其收入也相应低于平均水平。从总体收入看来，月收入在1000元以下的占到总数的26.2%，1001～2000元的占32.3%，2001～3000元的占12.3%，3001～4000的占9.1%，4000元以上的占20.1%。可以看出，月收入在

2000 元以下的占到总人数的 58.5%。

从职业来看，在沪少数民族做小生意的所占总体少数民族流动人口比重最大，达到 41.2%，合同工所占比重为 22.1%，从事临时工种的占 19.2%，自己创业开公司的占 17.5%（如图 2）。

（六）居住时间较短，流动性较强

大多数少数民族流动人口在上海居住的时间不超过 1 年，长时间居住发展的愿望不是很强烈，如土家族在沪居住不到一年的人口数占土家族流动人口总人数的 61.11%，苗族的比重为 61.48%，回族的比重为 56.79%。一般情况下，少数民族流动人口往往出于经济目的在沪，一旦发现工作无法满足其经济需求，无法满足其家庭、婚姻需求，则会选择离沪。在沪的少数民族流动人口大多持有过客心态，即赚到钱就回家。还有部分少数民族流动人口由于其在沪从事工作的季节性，其流动性也具有季节性的特点。例如，从事瓜果生意的新疆维吾尔族人，在夏天哈密瓜盛产季节从新疆运输哈密瓜出售，一旦卖完便回新疆，流动性极大。数据显示，能在上海居住 5 年以上的少数民族流动人口大都不到该民族人口总数的 5%。在沪时间相对较长的民族有朝鲜族、满族和蒙古族，其在沪居住 5 年以上的人口占该民族人口总数的近 10%（见表 4）。

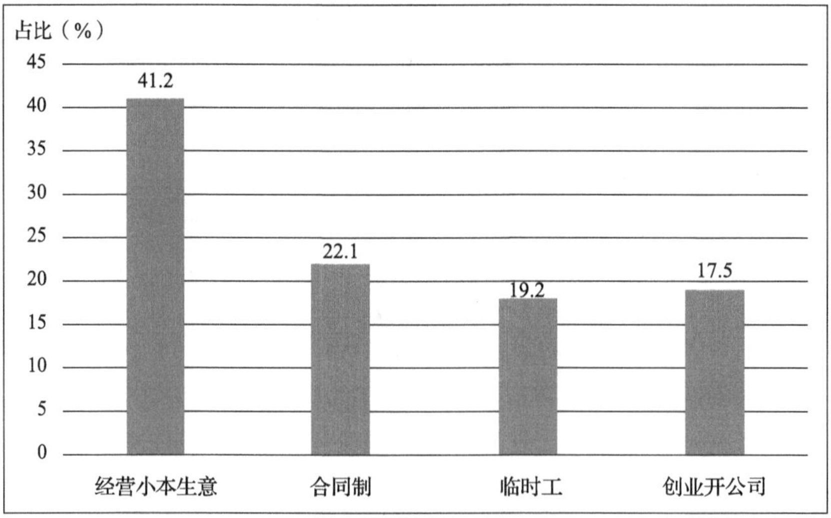

图 2　在沪少数民族职业类型分布

表 4　部分少数民族在沪居住时间　（单位：%）

民族	0 ～ 1 年	1 ～ 2 年	2 ～ 3 年	3 ～ 4 年	4 ～ 5 年	5 年以上
土家族	61.11	15.10	8.87	6.64	5.92	2.38
苗族	61.48	16.14	8.61	6.97	4.80	2.00
回族	56.79	16.47	8.72	7.28	6.26	4.48
朝鲜族	47.53	16.10	10.73	11.75	6.95	6.95
壮族	58.71	16.63	9.18	7.18	5.17	3.13
满族	61.25	12.62	7.76	6.63	5.48	6.26
彝族	65.46	17.13	7.96	4.82	3.20	1.44
侗族	55.80	17.25	9.65	8.40	6.28	2.62
蒙古族	59.69	14.02	8.25	6.66	5.96	5.42

二、上海市少数民族流动人口居住状况的时空分析

（一）居住时间分析

国内诸多学者对进城农民工的“定居 / 留城意愿”及其影响因素进行了大量研究，而对少数民族流动人口的定居性问题鲜有研究。李若建根据人口普查资料的指标体系及其居住时间长短，将流动人口的居住性分为三个层次：高度居住性、高度流动性和过渡性。高度居住性指人口普查时在同一地区居住 5 年（含 5 年）以上；高度流动性指人口普查时在同一地区居住不满两年；过渡性指人口普查时在同一地区居住了 2 ～ 4 年。这里采用李若建的界定标准，将在沪居住不满两年的群体界定为高度流动性群体，2 ～ 4 年的界定为过渡性群体，4 ～ 5 年及 5 年以上的界定为高度居住性群体。以此作为划分标准，研究上海市少数民族流动人口的定居性问题，总体结果见图 3。

1. 居住时间分布

在沪少数民族流动人口具有流动性高、定居性弱的特点。图 3 显示，在上海居住不满两年的少数民族流动人口占少数民族总体的 65.26%，属于高度流动性群体。而处于另一端具有高度定居性的群体只有 10.47%，可见在

沪少数民族流动人口的定居性较弱，居住时间在两到四年间的过渡性群体占24.27%。

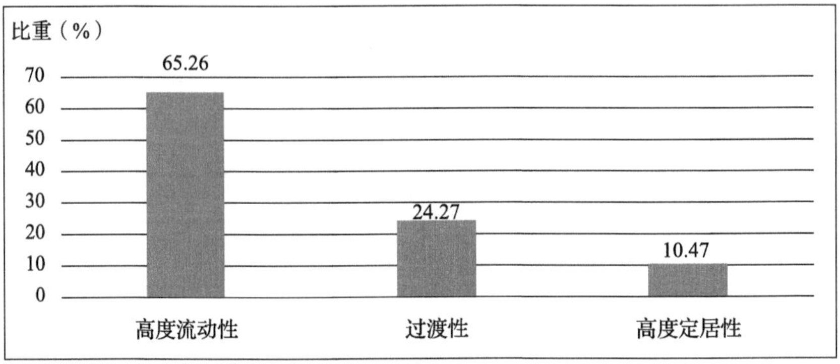

图 3　上海市少数民族流动人口定居情况

2. 年龄与居住时间

从年龄结构看，在沪少数民族流动人口绝大多数为劳动年龄人口（15 ～ 59 岁）。以每 5 岁为年龄组来统计，各年龄组人数占总人数比重最高的三个年龄组分别是：25 ～ 29 岁（20.55%）、20 ～ 24 岁（17.58%）、30 ～ 34 岁（16.51%）。0 ～ 14 岁少儿人口的比重为 7.52%，60 岁以上老年人口占 2.39%。总体来说，在沪少数民族流动人口的年龄结构较年轻。从定居性来看，高度居住性群体主要集中在 30 ～ 34 岁年龄组，所占比例为 26.44%；其次为 25 ～ 29 岁年龄组，占 20.21%；再次为 35 ～ 39 岁年龄组，占 16.45%。高度流动性群体和过渡性群体的峰值年龄都在 25 ～ 29 岁，这表明，25 ～ 29 岁的少数民族流动人口青年群体职业变动较大。25 ～ 39 岁外来少数民族流动人口的定居性最强，年轻人口的流动性较强，这也符合目前中国人口迁移的基本规律。

3. 性别与居住时间

从性别结构来看，在沪少数民族流动人口中，男性有 13.89 万人，女性为 12.67 万人，人口男女性别比为 109.66∶100。如果以性别为变量与在沪居住时间做交叉分析，可以得出，在高度流动性群体中，男性少数民族流动人口在数量上多于女性，但是在过渡性和高度定居性群体中，女性少数民族流动人口的比例高于男性。女性更有可能通过婚姻等社会原因长期留沪定居，其定居倾向性要高于男性。

4. 受教育程度与居住时间

教育水平的高低是一个重要的人口属性。从受教育程度来看，上海市少数民族流动人口中，55.19% 的人接受过初中教育，15.10% 的人接受过高中教育（含中专、技校），大专及以上受教育者比例较高，达到 15.49%（含 3.23% 的研究生学历），小学及以下文化程度的比例为 13.76%。2010 年“六普”数据显示，上海市户籍人口中具有大学文化程度的为 21.89%，具有高中文化程度的为 20.95%，具有初中文化程度的为 36.51%，具有小学文化程度的为 13.56%。可见，虽然在沪少数民族流动人口的受教育程度呈现“两头小、中间大”的趋势，但是相对于上海市户籍人口，文化水平仍然较低。在少数民族流动人口的受教育程度与居住时间呈线性增长关系。高中及以下文化程度的少数民族流动人口在上海的定居性较低，大专、本科、研究生的定居性较高，呈直线上升之势。其中，文化程度为研究生的少数民族流动人口的定居性最强。

5. 不同民族的居住时间

在众多在沪少数民族流动人口中，不同民族的流动人口在居住时间上也存在区别。就居住时间而言，从表 5 看出，满族、朝鲜族和蒙古族的流动人口的高度居住性显著高于其他少数民族，位居前三位。在过渡性方面，朝鲜族、回族、蒙古族的流动人口在上海居住两年到四年比例高于其他少数民族流动人口。作为在沪人数最多的土家族、苗族、回族、朝鲜族、壮族五大少数民族，土家族、苗族和壮族都呈现高流动性、中过渡性、低居住性的特点。

表 5　上海市少数民族流动人口的分民族定居性　（单位：%）

民族	土家族	苗族	回族	朝鲜族	壮族	满族	彝族	侗族	蒙古族
高度流动性	67.25	67.93	61.56	55.31	67.40	59.25	74.68	66.44	60.43

续表

民族	土家族	苗族	回族	朝鲜族	壮族	满族	彝族	侗族	蒙古族
过渡性	23.80	23.69	25.46	29.22	23.22	23.32	19.94	24.39	24.58
高度定居性	8.95	8.38	12.98	15.47	9.38	17.43	5.38	9.17	14.99

（二）居住空间分析

1. 居住空间分布

上海市的少数民族居住空间分布见表6。在排序前五的在沪少数民族集中的区县中，浦东新区的在沪少数民族人口最多，占在沪少数民族人口总量的24.61%，松江区占12.55%，闵行区占12.02%，嘉定区占9.71%，青浦区占8.51%。市区区域内，占比重最大的是普陀区，占2.89%，徐汇区占2.77%。

表6　在沪少数民族流动人口各区县分布

区县	占比（%）	区县	占比（%）
浦东	24.61	徐汇	2.77
松江	12.55	杨浦	2.18
闵行	12.02	长宁	2.10
嘉定	9.71	崇明	1.60
青浦	8.51	闸北	2.15
宝山	5.78	虹口	1.34
奉贤	5.05	黄埔	1.73
金山	5.00	普陀	2.89

从区域空间分布来看（见表7），居住在中心城区的少数民族流动人口占全市少数民族流动人口的15.17%，居住在近郊区的占39.53%。居住在远郊区的占32.71%。居住在近郊区的人数最多，居住在郊区（包含近郊和远郊）的少数民族人口占到了总数的84.82%。由此可见，中心城区的少数民族流动人口数量较少，在沪少数民族主要集中在东部和西北部辖区。调查显示，远

郊区的在沪少数民族人口流动性最强，其次为中心城边缘区，近郊区的流动性也比较大。中心城核心区的在沪少数民族流动人口定居性最强，其次为近郊区，远郊区的定居性最弱。值得注意的是，近郊区和远郊区的少数民族在沪定居的过渡性最强，这部分人口很可能会转化成高度居住性人口。长期来看，在沪少数民族流动人口在近郊区和远郊区的定居性会增强。

表 7　在沪少数民族流动人口空间分布

区域	占比（%）
中心城区	15.17
近郊区	39.53
远郊区	32.71

从街道（镇）的在沪少数民族总量来看（见表 8），九亭镇（松江）人数最多，达到 7563 人，占少数民族人口数前十街道总人数的 18.7%。车墩镇（松江）4826 人，占少数民族人口数前十街道总人数的 12.0%。香花桥街道（青浦）4015 人，占少数民族人口数前十街道总人数的 10.0%。祝桥镇（青浦）3829 人，占少数民族人口数前十街道总人数的 9.5%。松江工业区 3627 人，占少数民族人口数前十街道总人数的 9.0%。

表 8　在沪少数民族流动人口在各街道的数量分布

街道镇	数量（人）	占比（%）
九亭镇	7563	18.7%
车墩镇	4826	12.0%
香花桥街道	4015	10.0%
祝桥镇	3829	9.5%
松江工业区	3627	9.0%
安亭镇	3516	8.7%
合庆镇	3429	8.5%
外岗	3342	8.3%
赵巷镇	3161	7.8%
川沙镇	3039	7.5%

2.居住空间形态

根据不同的民族特征和社会关系网络的分布特性，可以发现上海市少数民族流动人口呈现了不同的居住分布特性，大体上分为三种。

（1）散居式分布。

有学者曾指出，虽然在城市中有部分少数民族聚居现象产生，但总体而言还是呈现更为分散的分布态势[1]。当前，在沪的少数民族流动人口中，如蒙古族、土家族、满族、壮族等民族，从外貌、语言方面上基本分辨不出其少数民族身份。他们当中部分人从事具有民族特色的餐饮或经营民族饰品等工作。

在与外部社会沟通方面，如土家族主要依靠亲缘关系在上海发展，但在工作、生活中交往对象并不仅限于亲友老乡，跨民族的交往现象非常普遍，交往范围涵盖了不同民族、不同职业的各类群体。尽管在沪的土家族流动人口内部存在一个个以亲缘网络结成的固定交往圈，但这些圈子之间也呈现一种分散的特点。总体来说，散居式分布的少数民族群体关联性不强。

（2）网点式分布。

与散居式分布的少数民族不同，网点式分布的少数民族流动人口通常具有很强的民族性，如回族、维吾尔族、撒拉族等。从整体分布看来，基本是大杂居、小聚居。这是由于其特殊的文化和生活习惯。在交往方面，基本以本民族内群体为交往对象。群体内部认同感强，从而使其在居住方面呈现分散多处的嵌入式聚居状况，即网点般分布在城市的各个区域。

（3）游移式分布。

不同于前两种分布模式，游移式分布的少数民族流动性非常强，以群体为单位在城市各个区域移动，甚至往返于多个城市之间谋生。游移式分布的群体基本独立于城市生活圈之外，且居住时间短。

---

[1] 这里散居式分布指的是部分民族性较弱的，自身民族特点不强，语言和习惯等方面与普通流动人口并无明显的边界差异，群体内组织性较弱，与外部社会沟通交往无大的障碍的少数民族流动群体。他们的分布表现经常呈现为一种分散的散居式居住分布。

分布形式对少数民族流动人口在城市中的归属感有着较大影响：散居式在沪分布的少数民族流动人口归属感较强，随着居住时间的增加，购房居住的意愿也随之增加，其中有部分已在上海购房定居。而那些没有买房的少数民族，仅仅是因为经济水平无法实现买房需求，但在沪定居意愿依然强烈。网点式分布的少数民族，由于生活交往圈的局限性，其群体的融入程度并不大，但由于其职业稳定性较高，导致居住状态也较稳定。游移式分布中的少数民族群体由于职业性质，居住状态不稳定。比起其他流动人口的“住客状态”，他们更像是一种“过客状态”，其城市归属感弱。

三、上海市少数民族流动人口居住环境分析

（一）住房类型

安居才能乐业，少数民族流动人口进入大城市后，其安身立命的第一要务就是住房。住房类型在很大程度上能够反映流动人口进入城市之后在该城市居住与工作的时间长短，能够表征其流动性的强弱。住在单位宿舍和工棚的流动性最强，已经购买了住房的定居性最强，租房的少数民族流动人口的定居性介于二者之间。学术界通常将流动人口的居住类型分为两类，即工棚宿舍型和社区租赁型。由于在本次调查中发现有一部分少数民族流动人口已经在城市购买了房屋，因此，我们将少数民族流动人口的居住类型分为三类：工棚宿舍型、社区租赁型和自购房型。统计结果显示，上海市少数民族流动人口的居住类型主要是社区租赁型，占总人数的 72.7%。包括租赁公房 10.8%，租赁私房 55.6%，集中居住小区 6.3；属于宿舍工棚型的占 12.4%，属于自购房型的只占 11.2%（见表 9）。就定居性而言，拥有自购房的在沪少数民族流动的定居性最强，宿舍和工棚型的流动性最强，租房的定居性位于二者中间，过渡性较强。统计结果充分表明了住房类型与流动性之间的关系。能在上海拥有自购房表明这 11.2% 的少数民族流动人口经济收入较高，已经从流动转向稳定。

表9　在沪少数民族流动人口住房类型　（单位：%）

<table>
<tr><th rowspan="3">流动性类别</th><th colspan="6">住房类型</th><th rowspan="3">合计</th></tr>
<tr><th colspan="3">租房</th><th rowspan="2">自购房</th><th rowspan="2">宿舍与工棚</th><th rowspan="2">其他</th></tr>
<tr><th>出租公房</th><th>出租私房</th><th>集中居住小区</th></tr>
<tr><td>高度流动性</td><td>5.7</td><td>22.7</td><td>3.8</td><td>0.4</td><td>6.9</td><td>1.8</td><td>41.3</td></tr>
<tr><td>过渡性</td><td>3.5</td><td>22.2</td><td>2.0</td><td>2.1</td><td>4.1</td><td>1.1</td><td>35.0</td></tr>
<tr><td>高度定居性</td><td>1.6</td><td>10.7</td><td>0.5</td><td>8.7</td><td>1.4</td><td>0.8</td><td>23.7</td></tr>
<tr><td>合计</td><td>10.8</td><td>55.6</td><td>6.3</td><td>11.2</td><td>12.4</td><td>3.7</td><td>100</td></tr>
</table>

自购房的比例与学历呈正相关。在自购房的群体中，研究生学历占29.7%，大专或本科学历占到28.6%，高中或中专学历占到19.3%，初中学历占到17.3%，小学学历占5.1%。以高中学历为分界点，大专及以上学历的在沪买房占总人数的58.3%。由此可见，少数民族流动人口学历越高，在沪购房的比例越大。

因此，从某种程度上来说，租房居住可被视为是从临时性向长期性居住的过渡形式。同时，在沪时间的增加意味着他们在城市的工作年限的上升，个人人力资本得以积累，随之增长的网络性社会资源也使他们更加便捷地获取工作信息，这些将逐步改善个人的收入与财富水平。调查显示，相当一部分在沪少数民族在“居住稳定感”上倾向于从其他住房形式转为租房的居住形式。

（二）居住条件

表10显示，近半数的少数民族流动人口居住面积在20平方米以下，其中居住在10平方米以下（包含10平方米）的占到15%，11～20平方米的占到32%，21～30平方米的占到16%，31～40平方米的占11%，40平方米及以上的占到26%。而50平方米以上的住房大多为租住的农民住房，面积较大，租房形式多为合租形式，人均实际住房面积较小。

表 10　在沪少数民族流动人口住房面积

居住面积	占比（%）
0 ～ 10 平方米	15
10 ～ 20 平方米	32
21 ～ 30 平方米	16
31 ～ 50 平方米	11
51 平方米以上	26

从居住设施来看，在沪少数民族流动人口住房内拥有独立厨房的达到少数民族流动人口总数的 35.2%，拥有独立厕所的占 33.4%，拥有独立洗浴间的占 40.5%。在出租房内，大多为合用住房设施，其中合用厨房的占到 52.7%，合用厕所的占到 45.2%，合用洗浴间的占到 58.4%。可见，少数民族流动人口住房内的配套设施较为齐全，但大多数为共用设施（见表 11）。

表 11　在沪少数民族流动人口居住设施情况　（单位：%）

分类	厨房	厕所	洗浴
独立使用	35.2	33.4	40.5
合用	52.7	45.2	58.4
无	12.1	21.4	1.1

（三）居住社区类型偏好

绝大多数少数民族流动人口在居住社区类型上没有特殊偏好。表 12 显示，愿意在本族人较多的社区中居住的占 22.6%，愿意居住在多民族混合居住的社区的占 15.6%，愿意居住在汉族人多的社区的占 7.2%，无所谓的占 54.6%。

表 12　在沪少数民族流动人口社区居住类型偏好

愿意居住的社区类型	占比（%）
本族人较多	22.6
多民族混合	15.6
汉族人较多	7.2
无所谓	54.6

表13显示，在有聚居意愿（即愿意居住在本族人较多的社区中比例较大）的少数民族中，傣族、回族、维吾尔族、朝鲜族较多，傣族中有44.8%的人愿意在本民族人数较多社区居住，关于这一数据回族为43.7%，维吾尔族为39.2%，朝鲜族为33.5%。

表13　在沪聚居意愿较强的少数民族　（单位：%）

族别	本族人较多	多民族混合	汉族人较多	无所谓
傣族	44.8	11.5	12.5	31.2
回族	43.7	18.7	8.7	28.9
维吾尔族	39.2	34.2	4.3	22.3
朝鲜族	33.5	16.3	9.6	40.6

总体来看，上海市的少数民族流动人口呈现出散居与杂居并存的居住状态。

四、上海市少数民族流动人口的择居行为分析

（一）迁移模式以举家迁移为主

在迁移的模式方面，上海市少数民族流动人口的迁移模式逐渐由个人迁移倾向于家庭迁移，即两夫妻或以上家庭成员一起迁移在沪居住。调查中，51.4%的少数民族流动人口是以核心家庭模式迁移，个人独自迁移的占11.5%，其他占37.1%（如图4）。可以看出，少数民族迁移模式逐渐趋向家庭化。此外，少数民族流动人口除了随同核心家庭一同迁移外，更多的是在亲戚或老乡的介绍下迁移到沪，由此多了一层链式关系。

（二）半数以上选择租房居住

作为外来流动人口的一部分，由于工作的流动性强，在沪的少数民族基本以租房为主，租房比例占到全市少数民族流动人口总量的68.4%，当工作发生变动，居住区域也随之变动。随着对环境熟悉度和务工时间的增加，在沪少数民族流动人口稳定居住的渴求越来越强，租房可以让他们拥有更多的私密感和自主性，并且相比起亲友家或员工宿舍等拥有更好的居住条件。选

择商品自购房的受访者占到 10.7%，随着上海房价的不断上涨，高昂的房价让许多外来人口放弃了购买商品房转而选择租房来解决居住问题，自购房屋的在沪少数民族比例持续下降。居住在单位宿舍的在沪少数民族占到 12.1%，这一类受访者大多从事制造业和服务业，工作时间相对较长，居住在单位宿舍为工作提供了便利性，但自由度相对较低，工作与生活界线模糊。居住在临时棚屋的少数民族比例为 4.7%，这类受访者多数居住环境较艰苦，屋内无独立卫生间等设施。剩下的 4.1% 选择其他居住类型，如寄住亲友家等（如图 5）。

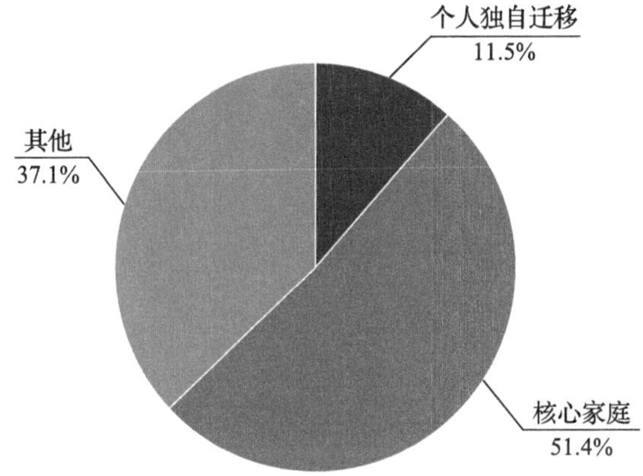

图 4　在沪少数民族流动人口迁移模式占比

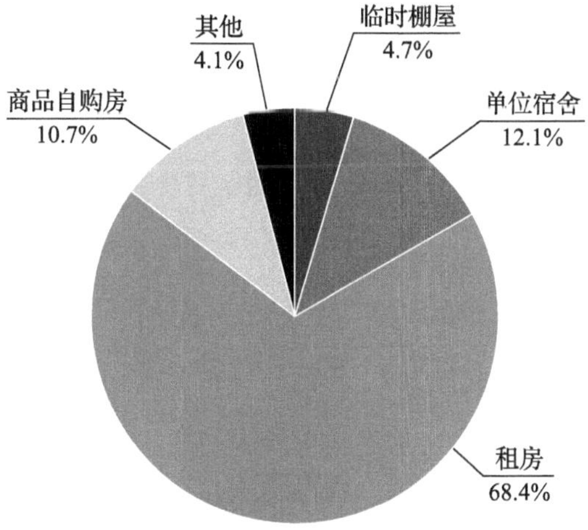

图 5　在沪少数民族的各种居住类型占比

（三）半数以上通过熟人介绍寻房途径

上海的少数民族流动人口主要的寻房途径以熟人或老乡介绍和依靠房产中介为主。图 6 显示，通过老乡介绍的占到 43.6%，通过房产中介找房的占到 36.3%，通过街头小广告找房的占到 11.4%，通过网络途径找房的占到 8.7%。

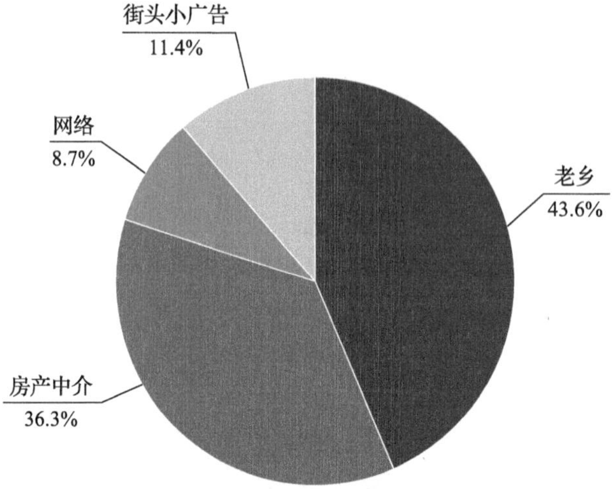

图 6　在沪少数民族流动人口寻房途径占比

综上，可见少数民族流动人口的迁移模式以依靠亲朋老乡的“链式关系”为主。少数民族的流动方式可以概括为个体或家庭的单独流动、个体或家庭以亲属或熟人为中介的流动、以地域群体为单位的自发流动、以职业群体为单位的自发流动等。其中，最常见的流动方式是以个体或家庭为单位、以亲友和老乡为纽带的链式流动，网络式流动也是在链式流动基础上形成的。

（四）城市空间差异导致择居与择业顺序差异

居住在不同区域的少数民族流动人口对于先寻找住房还是先找工作的先后次序有明显差异。表 14 显示，市区少数民族流动人口择居先于择业。61.3% 的受访者倾向于先找住房，等住房问题决定后再找工作。上海市公共交通便利，市区房租较高，所以在沪少数民族流动人口在市区首先面临的第一大问题就是居住问题，有部分少数民族会优先考虑提供住宿的工作。

近郊少数民族流动人口择业优先于择居，有 62.4% 的受访者选择先择业再考虑住房问题。相比于市区四通八达的交通体系，近郊范围内来往的时间成本大，所以大多数由于市区租房成本高而在郊区居住的在沪少数民族流动人口选择先找工作后再就近找房子。远郊少数民族流动人口的择业与择居之间优先次序选择不明显。居于远郊的少数民族流动人口在考虑居住与职业问题的时候，一般没有很明显的先后差别，多数被访者表示二者间不存在优先关系。

表 14　不同区域的少数民族流动人口的择居顺序差异对比

居住区域	先找工作（%）	先找房子（%）	两者没关系（%）
中心城区	18.1	61.3	20.6
近郊	62.4	24.1	13.5
远郊	41.3	43.8	14.9

五、上海市少数民族流动人口居住满意度分析

（一）居住满意度总体情况

不同特征群体呈现出不同程度的居住满意度。如图 7 所示，觉得非常满意的占少数民族流动人口总体的 4.2%，满意的占 30.2%，觉得一般的占 54.8%，不满意的占 12.1%，非常不满意的占 1.7%。可以说，有 34.4% 的少数民族流动人口对居住状况感到满意，仍有 13.8% 的少数民族流动人口对于现居住状况感到不满意。

（二）居住满意度的影响因素分析

多元回归模型显示（见表 15），来沪时间、文化程度、居住区域、收入水平、迁移模式、居住面积、居住设施等都对少数民族流动人口的居住满意度有显著的影响。

具体来看，来沪时间是影响少数民族流动人口居住满意度的影响因素，相比于居住时间为 0 ～ 2 年的少数民族流动人口，居住时间为 2 ～ 4 年的流

动人口居住满意度更高，而居住 4 年及以上的少数民族流动人口的居住满意度则没有显著性差异。

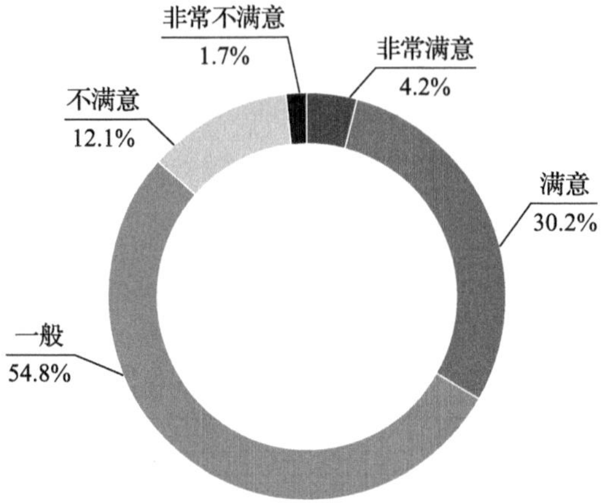

图 7　在沪少数民族流动人口居住满意度情况

随着文化程度的提升，少数民族流动人口的居住满意度不断提升，但是存在一个门槛效应，初中及以下的少数民族流动人口的居住满意度不存在显著的差异性，而受教育程度在高中及以上时，少数民族流动人口的居住满意度不断提升。

居住区域是影响少数民族流动人口居住满意度的重要因素，相比于中心城区，居住在近郊区和远郊区的居住满意度更低。

收入水平是重要的影响少数民族流动人口居住满意度的因素。结果显示，随着少数民族流动人口收入水平的提升，少数民族流动人口的居住满意度也呈现出线性的上升，这说明收入与住房区位选择、住房类型、住房质量有相关性。

相比于个体迁移，家庭迁移的少数民族流动人口的居住满意度提升 0.540，而其他类别的迁移模式则提升 0.820。这说明相比于个人独自迁移，家庭迁移与其他类型迁移的居住满意度都更高。

住房类型对居住满意度的影响显示，相比于租住临时房的少数民族流动人口，自购住房的少数民族流动人口居住满意度更低，这可能是由于少数民族流动人口购房的质量相对较差且面临较高压力的房贷有关。

居住面积方面，随着少数民族流动人口居住面积的增加，少数民族流动人口的居住满意度也不断提升，这说明良好的居住环境是影响流动人口居住满意度的重要方面。除此之外，独立卫生间也是影响流动人口居住满意度的重要方面，相比于拥有独立卫生间的少数民族流动人口，与其他人合用一个卫生间和没有独立卫生间对流动人口居住满意度有负向影响。

表 15　在沪少数民族流动人口居住满意度多元回归模型回归结果

因变量	类目	系数
来沪时间 对照组：0 ～ 2 年	2 ～ 4 年	0.0766*
		-0.0454
	4 年以上	0.0628
		-0.0418
文化程度 对照组：小学及以下	初中	0.082
		0.0612
	高中	0.114*
		0.068
	大学及以上	0.233***
		0.0783
居住区域 对照组：中心城区	近郊	-1.039***
		-0.113
	远郊	-1.618***
		-0.113
收入水平 对照组：1000 元及以下	1000 ～ 2000 元	0.124*
		0.0644
	2000 ～ 3000 元	0.294***
		0.0728
	3000 元及以上	0.397***
		0.0842

续表

因变量	类目	系数
迁移模式 对照组：个体	核心家庭	0.540***
		−0.117
	其他	0.820***
		−0.122
住房类型 对照组：临时房	宿舍	−0.0095
		−0.0299
	租房	−0.0318
		−0.0332
	自购房	−0.119***
		−0.0382
居住面积 对照组：20 平方米以下	20 ～ 40 平方米	0.348***
		−0.102
	20 ～ 40 平方米	0.569***
		−0.113
居住设施 对照组：独立卫生间	合用卫生间	−0.785***
		−0.12
	无	−0.689***
		−0.101
邻里交往 对照组：频繁	一般	0.00514
		−0.00379
	很少	−0.00285
		−0.00422
居住社区偏好 对照组：本民族较多	多民族混合	0.00271
		−0.00373
	汉族较多	−0.00687*
		−0.00414
	无所谓	−0.00886
		−0.00174

续表

因变量	类目	系数
常数项	—	0.461
		1.205
样本量	—	657

注：Standard errors in parentheses ；*** p<0.01, ** p<0.05, * p<0.1

六、主要结论与对策建议

（一）主要结论

1. 少数民族流动人口分布于各郊区县

在沪的少数民族流动人口居住在中心城区的仅占少数民族流动总人口的 15.17%，超过 80% 的少数民族流动人口分布于各郊区县。城区房租较贵，对于经营店铺的少数民族来说，房租开销要占据很大一部分。而在郊区开店房租相对便宜，经济压力较小。

2. 少数民族流动人口以链式流动为主

链式就业方式指链条的一端是少数民族流动人口，另一端是已经在城市中生活的亲友或老乡，后者因为已经具备了一定的城市生活经验，可以为前者提供种种帮助以减少其进入城市之后的不适应。大多数少数民族都以已在城市的亲友介绍或帮助下进入城市，得到来自亲友的帮助，从而尽快熟悉并适应陌生的环境。

3. 少数民族流动人口居住满意度总体较好

调查显示，户籍不是居住满意度的决定性因素，从各个方面来看，虽然在沪少数民族流动人口居住条件一般，但总体居住满意度较高。这说明少数民族流动人口在沪的首要目的是提高收入，其对于居住状态的整体预期并不高，从而使他们在心理上对于各种居住状况接受程度较高。同时，调查显示，族别对于居住满意度的影响并不显著，这可能由于面对家乡差别较大的居住环境，少数民族流动人口更愿意在本族聚居区域居住，而这种聚居行为给他们带来安全感的同时也增加了他们对居住状况的满意程度。

（二）对策与建议

1. 积极引导少数民族流动人口融入城市生活

从流入地城市的角度来说，应该认真贯彻和落实党和国家的民族政策，努力提高行政水平，增强服务意识，为少数民族融入城市生活提供便利。首先，民族工作领域应选拔任用一定数量的少数民族干部，充分发挥其桥梁和纽带作用。其次，积极开展满足少数民族文化需求的各项工作。最后，各地区政府要做好服务，积极引导，帮助少数民族工商企业应对挑战，走可持续发展之路。

2. 明确与规范少数民族事务管理职责

做好少数民族流动人口的管理事务，牵涉范围广。横向上，牵涉到民族、食品、城管、治安、餐饮等各个管理机构；纵向上，牵涉到区、县、街道、小区等职能机构。对于不同的事务要明确各级部门管理职责，做到不混乱，不推脱。对于管理事务的细则要落实到具体的负责人，有针对性地解决少数民族流动人口各方面的管理问题。在修订相关的少数民族管理条例等内容时，应着眼于落实执行，确保条例的可实施性，为提升少数民族流动人口的管理现状做出有效改善。

3. 加强与推动房屋租赁市场规范发展

必须大力推动房屋租赁市场健康发展，使少数民族流动人口能够享有满意、稳定的居所。当前，上海的出租房市场乱象丛生，管理混乱，“二房东”现象严重。因此，要建立针对性的出租房屋管理体系，对于区域管理明确责任制管理模式，街道、社区共同参与住房管理，维护住房市场的平衡发展。此外，政府应该加强廉租房与公租房的建设，使外来流动人口留得住，住得好。

4. 加强少数民族流动人口职业技能培训，大力提升人力资本水平

针对当前少数民族流动人口存在的文化程度低、就业单一化的状况，有

针对性地建立少数民族流动人口职业培训及职业引导体系，提升其职业技能，丰富其就业范围；定期开展就业讲座及培训，推广少数民族传统文化，形成各民族的文化共同发展的新局面。

5. 吸纳少数民族人士参与少数民族流动人口事务管理

吸纳少数民族管理人才参与到各个街道的少数民族宣传活动策划与组织中。这不仅可有效提升少数民族管理工作的效率，同时也能对少数民族管理人才进行专门的储备和培养。同时，开办少数民族服务工作讲座，重点进行就业和卫生知识方面的普及，逐步完善和壮大上海少数民族管理队伍。

改革开放 40 年城市民族权益保障法制建设的实证研究

文　晖 *

随着改革开放的深入和城市化进程的加快，我国进入了各民族跨区域大流动的活跃期，散居在城市的少数民族人口数量不断增加。据统计，目前全国少数民族流动人口 2000 多万，约占少数民族总人口的 1/5，占全国流动人口的 1/10；居住在城市和散居地区的少数民族人口已超过少数民族总人口的 1/3。[1]2014 年，中央民族工作会议明确指出，做好城市民族工作越来越重要，并就保障各民族合法权益进行强调。法律是权益保障的重要载体，在当前新形势下，如何通过立法科学规范地调整城市民族关系，保障城市少数民族人口的合法权益，不仅是国家民族法治建设的必然要求，更是促进各民族团结和社会稳定的根本保障。从这个角度而言，梳理城市散居少数民族权益保障立法的制定演进脉络，分析不同地域、不同层级立法情况，聚焦立法具体内容，以此提

* 文晖，教育部人文社会科学重点研究基地中央民族大学中国少数民族研究中心、少数民族事业发展协同创新中心讲师。

[1] 朱维群. 城市少数民族流动人口工作重在交融［N］. 人民政协报，2016-12-15.

出合理化的立法建议具有非常重要的理论价值和实践意义。

目前，学术界对于城市散居少数民族权益保障这一主题非常关注。借助中国知网上收录的1978—2018年公开发表的文章中，包含“城市”“民族”“权益”关键词的论文共计205篇，成果较为丰富，但主要内容大多是对当前城市少数民族权益保障中出现的问题的分析与建议，专门就立法进行探讨的仅仅只有8篇文章，且多停留在规范层面，实证研究的深度和广度有待进一步加强。本报告拟对1978年以来有关城市少数民族权益保障相关的立法文本进行分析，将重点回答以下问题：有关城市少数民族权益保护的立法文件共有多少，立法的形式有哪些？从时间维度来看，立法可划分为几个阶段？立法文件层级如何，分布比例是否恰当？立法的地域分布情况有何特点？立法主要涉及哪些具体内容，其重点和薄弱点何在？下一步如何完善立法？

一、研究框架

（一）研究思路

立法作为一种制度安排和规则设计，对其进行量化分析具有相当的难度。笔者在前期研究基础上，选取城市少数民族权益保障的相关立法文件，构建“时空—层级—内容”的立法分析框架。在此基础之上，研读相关立法的关键性信息，绘制立法文本编码表，从而对立法的时间维度、地域维度、立法层级、修订情况、具体内容等展开系统而深入的研究。

（二）数据来源

研究样本的来源，一是法律法规数据库，以国家司法部下属的法律数据库为主；二是北大法律信息网——北大法宝法律法规数据库，其是我国首个法律数据库，也是法律信息最全的数据库。有关样本的选择，有如下需要说明之处。

一是从内容上来说。由于所研究的主题是城市少数民族权益立法，因此所选择的立法文件必须与城市少数民族权益保护密切相关。首先，需要对

"城市"进行界定，结合《中华人民共和国立法法》的相关规定，本研究着眼于设区的市以上的城市，县乡级不在研究之列。其次，凡是适用全体少数民族的权益保障条款，自然也适用城市少数民族，故在此未将此类普遍性立法文件列入研究范围[1]。再次，有关"散居少数民族"与"城市少数民族"的区别与联系。按照学界的一般看法，散居少数民族主要包括城市少数民族及民族乡少数民族[2]，在所选的立法文件中，有一些泛指散居少数民族，因城市少数民族是散居少数民族的一个重要组成部分，故有关散居少数民族的立法文件列入研究范畴。最后，有些非民族自治地方或是较大的市制定了少数民族权益保护规定，因这些地区少数民族多为散杂居状态，且多处于大城市中，故也列入研究样本。

二是从形式上来说。首先，研究样本的立法形式为法律、行政法规、部门规章、地方性法规和地方政府规章。地方性工作文件更多是地方行政部门展开具体工作的措施，虽然在以上数据库中有所显示，因其法律效力有限，故不列入研究范围。其次，所选取的研究样本更新截止日期是 2018 年 12 月 31 日，之后数据库中公布的立法文件未列入本文研究样本。再次，所收集的立法文件均为当前有效，已失效的不在研究之列。最后，因所搜寻到的地方规范性文件数量非常大，如《关于加强和改进少数民族流动人口服务管理工作的意见》发布后各地纷纷根据本地实际情况制定了地方工作指导意见，这些地方规范性文件数量非常庞大，无法一一统计，故此类政策性、规范性文件也未列入研究范围。

通过法律法规数据库和北大法宝法律法规数据库两个平台，笔者检索关键词"城市民族""散居少数民族"及"权益保护"等，共检索出了 1978 年 12 月—2018 年 12 月相关立法文件 41 份，为了保证检索工作的科学性、完

[1] 如《中华人民共和国宪法》《中华人民共和国刑法》《全国人民代表大会和地方各级人民代表大会选举法》《中华人民共和国义务教育法》《中华人民共和国劳动法》《中华人民共和国城市居民委员会组织法》《中华人民共和国人口与计划生育法》，三大《诉讼法》等。此外，国务院制定的行政法规中有关少数民族问题的专门条款，如《殡葬管理条例》等普遍适用所有少数民族权益的立法也不在研究之列。

[2] 散杂居少数民族还包括一些未成立自治地方的少数民族，如珞巴族、赫哲族、门巴族等。

整性和针对性，按照上述样本选择原则进行梳理，最终选择城市少数民族权益保障立法研究样本32份，并对这32份立法文本进行编号[1]（见表1）。

表1 城市民族立法样本一览

编号	文件名称	发布部门	效力级别	首次公布日期	修订情况
1	《城市民族工作条例》	国务院	行政法规	1993年9月15日	无
2	《湖南省散居少数民族工作条例》	湖南省人大常委会	省级地方性法规	1987年9月20日	1997年8月2日；2017年11月30日
3	《黑龙江省城市民族工作条例》	黑龙江省人大常委会	省级地方性法规	1989年12月13日	1996年11月3日；2018年6月28日
4	《山东省民族工作条例》	山东省人大常委会	省级地方性法规	1990年8月30日	无
5	《河北省散居少数民族权益保障条例》	河北省人大常委会	省级地方性法规	1991年6月8日	2010年7月30日
6	《河南省少数民族权益保障条例》	河南省人大常委会	省级地方性法规	1994年9月1日	1997年4月4日
7	《上海市少数民族权益保障条例》	上海市人大常委会	省级地方性法规	1994年12月20日	无
8	《湖北省散居少数民族工作条例》	湖北省人大常委会	省级地方性法规	1996年9月21日	2007年9月29日
9	《江苏省少数民族权益保障条例》	江苏省人大常委会	省级地方性法规	1996年12月13日	无
10	《广东省散居少数民族权益保障条例》	广东省人大常委会	省级地方性法规	1998年1月2日	2012年7月26日
11	《北京市少数民族权益保障条例》	北京市人大常委会	省级地方性法规	1998年11月5日	2016年11月25日
12	《云南省城市民族工作条例》	云南省人大常委会	省级地方性法规	1999年5月27日	无
13	《福建省少数民族权益保障条例》	福建省人大常委会	省级地方性法规	1999年10月22日	无

[1] 在对样本进行排序中遵循了一定的规则，即中央立法排序在前，地方立法排序在后；立法层级从高到低进行排序；同一层级按照公布时间顺序进行排序。

续表

编号	文件名称	发布部门	效力级别	首次公布日期	修订情况
14	《重庆市散居少数民族权益保障条例》	重庆市人大常委会	省级地方性法规	2000 年 7 月 29 日	2005 年 5 月 27 日
15	《吉林省散居少数民族权益保障条例》	吉林省人大常委会	省级地方性法规	2001 年 12 月 1 日	2010 年 11 月 2 日 6
16	《陕西省民族工作条例》	陕西省人大常委会	省级地方性法规	2001 年 12 月 6 日	无
17	《江西省少数民族权益保障条例》	江西省人大常委会	省级地方性法规	2001 年 12 月 22 日	2010 年 9 月 17 日
18	《辽宁省散居少数民族权益保障条例》	辽宁省人大常委会	省级地方性法规	2004 年 7 月 29 日	无
19	《安徽省民族工作条例》	安徽省人大常委会	省级地方性法规	2012 年 6 月 20 日	无
20	《天津市少数民族权益保障规定》	天津市人大常委会	省级地方性法规	2013 年 11 月 7 日	无
21	《海南省散居少数民族权益保障规定》	海南省人大常委会	省级地方性法规	2016 年 11 月 30 日	无
22	《长春市少数民族权益保障条例》	长春市人大常委会	设区的市地方性法规	1996 年 12 月 3 日	2004 年 8 月 19 日
23	《哈尔滨市少数民族权益保障条例》	哈尔滨市人大常委会	设区的市地方性法规	1998 年 12 月 12 日	2014 年 6 月 13 日
24	《武汉市少数民族权益保障条例》	武汉市人大常委会	设区的市地方性法规	1999 年 12 月 4 日	无
25	《南京市少数民族权益保障条例》	南京市人大常委会	设区的市地方性法规	2014 年 8 月 1 日	无
26	《淄博市实施〈山东省民族工作条例〉办法》	淄博市人民政府	地方政府规章	1991 年 4 月 15 日	无
27	《齐齐哈尔市实施〈黑龙江省城市民族工作条例〉办法》	齐齐哈尔市人民政府	地方政府规章	1991 年 10 月 1 日	无
28	《四川省〈城市民族工作条例〉实施办法》	四川省人民政府	地方政府规章	1995 年 11 月 23 日	无
29	《吉林省实施〈城市民族工作条例〉办法》	吉林省人民政府	地方政府规章	1996 年 1 月 15 日	无
30	《武汉市城市民族工作办法》	武汉市人民政府	地方政府规章	1996 年 2 月 14 日	无

续表

编号	文件名称	发布部门	效力级别	首次公布日期	修订情况
31	《贵州省实施〈城市民族工作条例〉办法》	贵州省人民政府	地方政府规章	1996年8月16日	无
32	《呼和浩特市民族工作若干规定》	呼和浩特市人民政府	地方政府规章	1999年5月20日	2006年6月7日

二、研究过程

（一）时间维度分析

根据立法文件数量的年度分布（如图1），从时间序列的角度，我们可以将立法文件的发布大致分为四个时期。

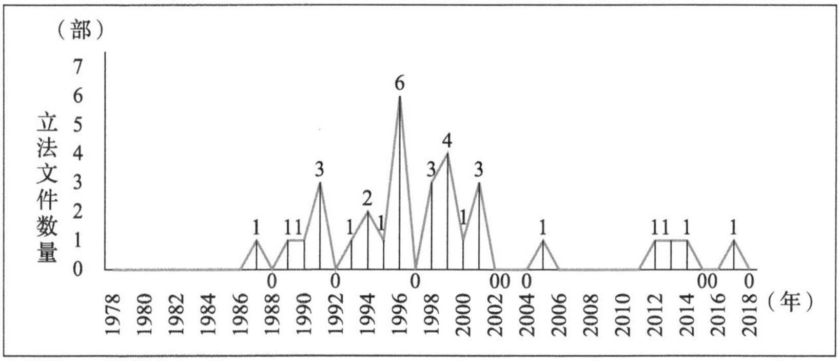

图1　1978—2018立法数量趋势图

一是立法空白期（1978—1986年）。在改革开放初期，当时党的民族政策更多侧重于拨乱反正，恢复和落实民族政策，民族立法主要集中于对《民族区域自治法》的讨论，更多关注民族自治地方的稳定与发展，故这一时期有关城市民族的立法处于空白状态。

二是立法起步期（1987—1992年）。自1987年4月17日中共中央国务院批转中央统战部和国家民委《关于民族工作几个重要问题的报告》，第一次明确提出要求做好城市民族工作以后，各地非常重视城市民族工作，有关城市民族立法开始起步。其中，湖南开全国之先河，在1987年9月公布了《湖南省散居少数民族工作条例》。广东、黑龙江紧跟湖南步伐，分别于1989

年11月和1989年12月出台了《广东省杂散居少数民族工作若干规定》和《黑龙江省城市民族工作条例》。随后，山东制定了《山东省民族工作条例》，较为笼统地对少数民族的政治、经济、文教、风俗习惯等权利进行了规定❶。

三是立法迅速发展期（1993—2000年）。随着改革开放的持续深入，城市少数民族人数不断增加，城市民族工作愈发重要，与此同时立法迎来了一个高峰阶段，一共有18部法律文件出台。其中，国务院颁布的《城市民族工作条例》为各地城市民族立法工作指明了方向。河北省是首个制定“散居少数民族权益保障条例”的省份，这段时期，共有11个省市出台了地方性法规，专门就少数民族权益进行立法规定。河北、广东、重庆则更为具体，明确规定了“散居少数民族权益”。此外，还有8个省市着眼于从“城市（散居）民族工作”角度进行立法，主要有湖北、云南、四川、吉林、贵州、武汉和呼和浩特。另外，这一时期各地对清真食品的立法也蓬勃发展，很大程度上保护了城市有清真饮食习惯的少数民族的合法权益❷。

四是立法平稳发展期（2001年至今）。进入21世纪以来，城市民族立法进入一个平稳发展阶段。吉林、辽宁分别制定了《散居少数民族权益保障条例》，江西废止了1996年12月1日制定的《江西省民族工作办法》，以《江西省少数民族权益保障条例》予以替代。2015年中央民族工作会议之后，城市民族工作再次得到重点关注，各地围绕城市民族工作不断创新，立法上也有了长足进展。除了天津、海南、南京等省市出台了《少数民族权益保障条例（规定）》外，黑龙江、湖南、北京、广东、哈尔滨等省市还对相关规定进行了修订。

（二）层级维度分析

经过统计，所选的立法文件级别分布如下：行政法规1部，省级地方性法

❶ 随着社会的发展和形势变化，此条例显得越来越力不从心。山东省政府从2011年开始，在立法规划里提出要对此条例进行修订，并计划于2020前完成修订工作。

❷ 尊重城市散居少数民族的清真饮食习惯是一项重要权益，有关清真食品立法，目前还无全国性的立法规定，但有21个地方制定了地方性法规，11个地方制定了地方政府规章。在这32个立法规定中，只有7个地方明确指出依据《城市民族工作条例》制定，因本章主要探讨综合性规定，故清真食品立法为列入研究样本。

规20部，设区的市地方性法规4部，地方政府规章7部。目前，从法律层面上来看，我国最高层级的立法形式是行政法规，即国务院于1993年颁布实施的《城市民族工作条例》。据统计的样本分析，省级地方法规为立法的主体，占立法总量的62%，设区的市地方性法规占13%，地方政府规章占22%，而中央层面的行政法规只占3%。由此可知，城市民族立法的立法层级普遍偏低（如图2）。

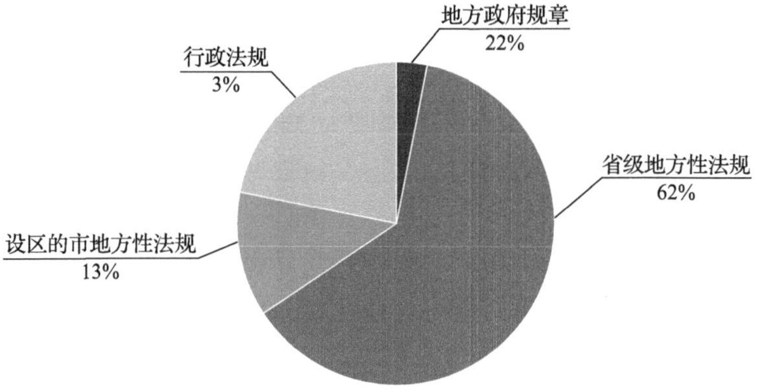

图2　立法层级分布图

结合立法时间来分析不同立法的层级变化（如图3），可以发现，省级地方性法规的立法最为活跃，在四个立法时间段内都处于高位，地方政府规章大部分都公布于《城市民族工作条例》之后，很大程度上可以看成是地方积极响应《城市民族工作条例》所制定的工作细则。设区的市地方性法规中有3部出台于1991—2000年，《南京少数民族权益保障条例》于2014年出台。

从立法层级来看，我国民族自治地方立法相对完善，已经有了全国性的法律——《民族区域自治法》，然而与自治地方自治民族相对应的散居少数民族，却没有一部法律出台，中央也只有一部国务院制定的行政法规。随着城市化进程加快，城市散杂居少数民族会越来越多，且各地实际情况存在差异性。同时，就地方立法而言，除去未立法的省市区，已立法的四川、贵州、内蒙古的立法文件只是地方行政规章，法律效力太低。因此，亟需一部层级较高、权威性强的法律。

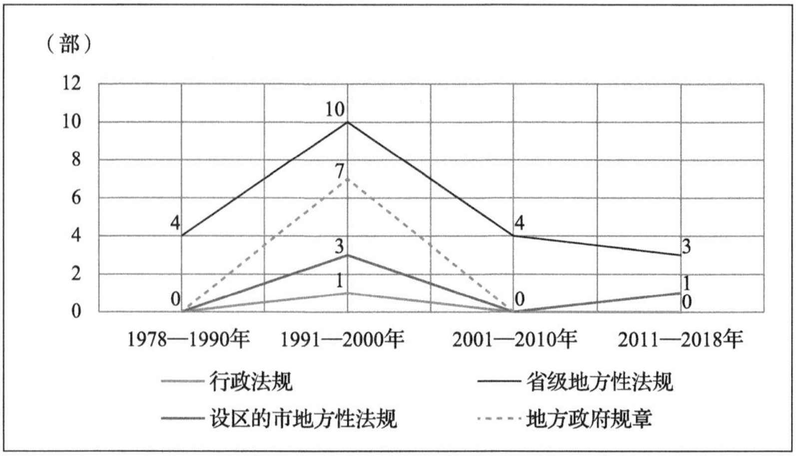

图 3　不同层级地方立法变化图

（三）地域维度分析

在地方立法中，以省为单位，共有 24 个省市颁布了相关立法，还有 7 个省、自治区未制定此类法律、法规和行政规章，各地具体立法情况如图 4 所示。

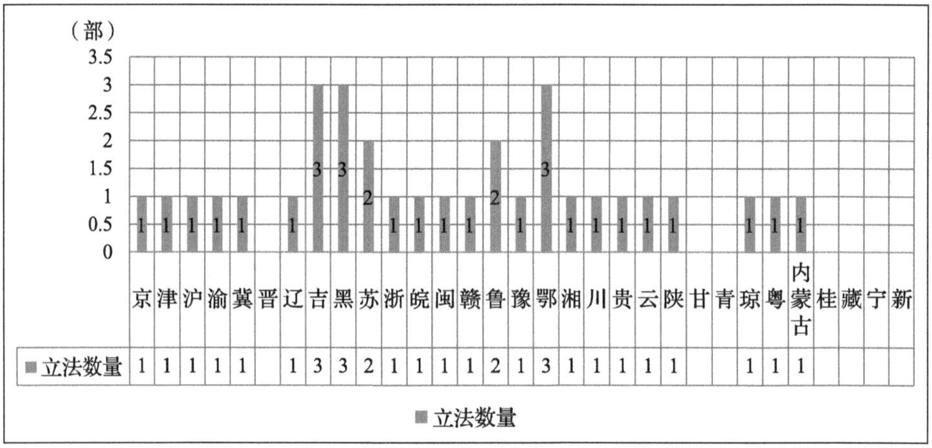

图 4　各地立法数量分布

据统计，吉林、黑龙江、湖北三省立法数量最多。如湖北省，制定了《湖北省散居少数民族工作条例》，武汉作为全省少数民族人口流动最多的城市还制定了《武汉市少数民族权益保障条例》和《武汉市城市民族工作办法》。有 20 个省市制定了省级地方性法规，其中贵州、四川和内蒙古制定的是地方行政法规。

从地域分布来看，存在的突出问题是立法的针对性和时效性不足。立法较为完善的并不是北京、上海、广州这些经济发达、城市少数民族流动人口多的城市，反而是中部的湖北省和东北的吉林、黑龙江两省。

（四）修订情况分析

从修订的次数来看，所选的32部立法文件中，有13部立法文件进行了修订，其中《湖南省散居少数民族工作条例》《黑龙江省城市民族工作条例》修订了2次，另外11部立法文件修订了一次（见表2），其余19部立法未进行任何修订。

从修订的时间来看，绝大部分的立法文件在2000年之后进行了修订，其中有8部是在2010年之后进行修订的，有4部是在2000—2009年修订的，只有3部是在1990—1999年修订的（含湖南、黑龙江，修订两次）。修订时间集中在2000年之后，这和当前城市少数民族流动人口日趋增多，执法管理和权益保护不断面临新问题，旧立法已经不能适应当前的形势密切相关。

从修订省市的地域来看，既有中部省份，如湖南、湖北、河南、江西；也有沿海发达省份，如广东省；还有东北的省市，如吉林、长春、哈尔滨等。直辖市主要是北京和重庆市。从修订地域的比例上来看，中部和东北省份的修订比例更高，湖南省、黑龙江省修订了两次。

表2　民族立法修订情况表

编号	文件名称	首次公布时间	修订时间	修订次数（次）	修订间隔（年）
1	《湖南省散居少数民族工作条例》	1987年9月20日	1997年8月2日；2017年11月30日	2	10
2	《黑龙江省城市民族工作条例》	1989年12月13日	1996年11月3日；2018年6月28日	2	29
3	《河北省散居少数民族权益保障条例》	1991年6月8日	2010年7月30日	1	19
4	《河南省少数民族权益保障条例》	1994年9月1日	1997年4月4日	1	3

续表

编号	文件名称	首次公布时间	修订时间	修订次数（次）	修订间隔（年）
5	《湖北省散居少数民族工作条例》	1996年9月21日	2007年9月29日	1	11
6	《广东省散居少数民族权益保障条例》	1998年1月2日	2012年7月26日	1	14
7	《北京市少数民族权益保障条例》	1998年11月5日	2016年11月25日	1	18
8	《重庆市散居少数民族权益保障条例》	2000年7月29日	2005年5月27日	1	5
9	《吉林省散居少数民族权益保障条例》	2001年12月1日	2010年11月26日	1	10
10	《江西省少数民族权益保障条例》	2001年12月22日	2010年9月17日	1	10
11	《长春市少数民族权益保障条例》	1996年12月3日	2004年8月19日	1	8
12	《哈尔滨市少数民族权益保障条例》	1998年12月12日	2014年6月13日	1	16
13	《呼和浩特市民族工作若干规定》	1999年5月20日	2006年6月7日	1	7

目前，还有19部立法文件未进行修订，其中效力级别最高的《城市民族工作条例》，作为全国性立法文件，在2016年6月就其修正案向公众征集意见，但仍然没有公布最终结果。然而，有些立法文件即使有修改，也仅仅是对个别字句进行修订，或是为了与其他法律保持一致而修订。例如，2018年6月28日，黑龙江省人大常委对《黑龙江省城市民族工作条例》进行了修订，删去了原第三十二条的“和铁路、农垦、森工系统”字眼，原条款内容为：“县人民政府所在地的镇、较大的镇和铁路、农垦、森工系统的民族工作，参照本条例执行。”又如《河南省少数民族权益保障条例》在2010年7月30日进行了修订，其中将原引用的“治安管理处罚条例”修改为“治安管理处罚法”，“行政复议条例”修改为“行政复议法”，“城市规划法”修改为“城乡规划法”等，这只是为了和其他修订立法保持形式上统一。

（五）具体内容分析

在具体的立法内容上，本报告所选取的研究样本均是对城市民族或散居少数民族权益的综合性、概括性规定。除此之外，还有部分立法或规范性文件专就少数民族清真饮食、殡葬、受教育权、法律援助、流动人口管理等方面做了规定。例如，尊重城市散居少数民族的清真饮食习惯，这是一项重要权益。有关清真食品立法，虽然目前还无全国性的立法规定，但有21个地方制定了地方性法规，11个地方制定了地方政府规章。在尊重少数民族的殡葬风俗习惯方面，南京市出台了地方性法规《南京市回族等少数民族殡葬管理规定》，昆明市出台了地方政府规章《昆明市回族等少数民族殡葬管理规定》，明确表示要保护城市少数民族的殡葬风俗习惯。此外，还有一些地方规范性文件也对具体事项进行了规定和保护，如南昌市教育局出台了《南昌市保障城市少数民族流动人口受教育权工作细则》，保护城市少数民族流动人口的受教育权；昆明市出台首个《少数民族法律援助工作实施办法》、哈尔滨市也出台了《关于完善法律援助制度的实施意见》，对城市少数民族的法律援助进行了特别说明；广州市出台了《关于少数民族开斋节和古尔邦节传统节日放假的通知》，在伊斯兰教的开斋节和古尔邦节各放假一天。

在所选取样本的综合性立法文件中，存在以下三个特点。

一是立法名称不同，实则是侧重点不同。例如，从权益保障角度看，在所选样本中有6部以《散居少数民族权益保障条例》命名，有12部以《少数民族权益保障条例》命名；从民族工作的角度看，有3部以《城市民族工作条例》命名，湖南、湖北两省以《散居少数民族工作条例》命名，贵州、四川、吉林则以《实施〈城市民族工作条例〉办法》命名。

二是结构不统一。所选研究样本中有11个省市的立法中采取分章进行规定，如《北京市少数民族权益保障条例》，分为总则，保障政治平等权利，发展经济，发展教育、文化、卫生事业，尊重民族风俗习惯，奖励与处罚，附则，共七个部分，按照少数民族权利的基本内容进行规定，层次清楚。值得注意的是，在这11部立法中，有9部立法都着眼于“少数民族权益保障”，有2部是“城市民族工作”序列的，总体来说，立法中不分章的样本占多数。

三是内容上有所侧重。“城市民族工作”的立法和“少数民族权益”的立法存在一定的差异性，前者侧重管理，后者侧重权益保护。有关“城市民族工作”的立法除了提出要保障少数民族权益，如少数民族教育、少数民族文化资源和风俗习惯的保护等，还侧重城市民族管理工作，如少数民族干部的培养和任用，对少数民族企业的扶持，清真饮食生产经营的管理，少数民族流动人口的管理等。在有关“少数民族权益保障”立法中，有6部“散居少数民族权益”的立法侧重对散居少数民族的保护，但总体来说都是从政治、经济、文化、风俗习惯、宗教信仰等几个方面进行规定。从具体内容来说，在所选32部立法样本中，有27部明确规定要尊重少数民族的风俗习惯和宗教信仰自由；有27部规定尊重少数民族的清真饮食习惯，并对清真饮食相关的管理工作进行了规范；有21部明确规定尊重少数民族的殡葬习俗；有21部规定少数民族在重大节日有带薪放假的权利；有13部规定应为少数民族提供语言便利、尊重其语言文字；有16部对少数民族流动人员进行了明确规定，要求不仅保障少数民族流动人员的合法权益，而且还要加强管理工作；有23部对少数民族的参政议政权利进行了规定；有20部明确了少数民族的申诉控告权；有6部至今还没有对法律责任和惩罚进行明确规定。

总体说来，在立法具体内容上存在的突出问题是针对性不强、可操作性缺乏。主要表现在以下五个方面。

一是很多立法存在雷同性。有的是照搬上位法，如《城市民族工作条例》；有的某些具体条款的规定如出一辙，如《海南省散居少数民族权益保障条例》第十七条与《浙江省少数民族权益保障条例》第三十条有关城市少数民族流动人口的规定完全一样❶。

二是立法主题与立法内容相脱节。有的立法名称是“少数民族权益保障”，然而其具体内容主体部分是描述如何加强民族工作的管理。例如，《浙

❶ 这两条的内容是这样规定的：“各级人民政府应当加强少数民族流动人口信息资源整合，构建服务管理信息化平台，完善工作机制，推进城市民族工作制度化、规范化；建立以乡镇（街道）、社区、企业事业单位、社会团体为依托的网格化管理服务模式，推动民族工作社会化”。

江省少数民族权益保障条例》，其结构是组织人事、经济发展、社会事业、服务与管理、景宁畲族自治县、实施保障、附则，没有突出权益保障。“法律责任”用“实施保障”来替代，显示出立法上的不专业性。

三是立法上的滞后性。例如，《安徽省民族工作条例》第28条规定，要维护少数民族流动人员社会保障、劳动保护、随迁子女入学等方面权益，但如何保障并没有任何规定。当前，有关城市少数民族流动人口服务管理问题、殡葬问题、子女教育问题及涉及少数民族突发事件应急处置、职业技能培训等问题存在特殊性，有不同的权利诉求，这些具有时代特征的权利需要立法能将之具体化。

四是立法内容的政策化。通过梳理近40年的立法成果，发现很多法条都与当时的民族政策密切相关。随着民族政策发生改变，新修订或是新制定的法律也会体现最新的民族政策。如2017年11月修订的《湖南省散居少数民族工作条例》在第27条规定：“城市人民政府应当加强城市民族工作，建立城市民族工作协调机制、少数民族流动人口服务管理工作机制和信息管理系统，推动建立相互嵌入式的社会结构和社区环境，加强少数民族公民管理和服务工作，推进其享受均等化基本公共服务，保障其合法权益。”[1]其中就包含了诸多的民族政策，如“互嵌式社区建设”等。《海南省散居少数民族权益保障规定》也提出对散居少数民族流动人口建立“网格化管理服务模式”[2]，这种条款更多的是导引和工作指导。

五是有些责任条款语焉不详。据统计，在32部立法中，有6部没有任何法律责任条款，有一些立法对于法律责任的规定非常笼统。例如，2012年修订的《广东省散居少数民族权益保障条例》只有一条责任条款，其规定：“违反本条例有关规定，损害少数民族合法权益的单位和个人，由本单位或

[1] 未修订之前该条是第23条：“各级人民政府应当加强对少数民族流动人口的教育、管理和服务工作，保障其合法权益。”

[2] 2016年11月公布的《海南省散居少数民族权益保障规定》第17条规定：“各级人民政府应当加强散居少数民族流动人口信息资源整合，构建服务管理信息化平台，完善工作机制，推进城市民族工作制度化、规范化；建立以乡镇、街道、社区、企事业单位、社会团体为依托的网格化管理服务模式，推动民族工作社会化”。

者上级部门给予批评教育或者行政处分；构成犯罪的，依法追究刑事责任。”由于缺乏具体的责任条款，使得当前出现侵犯城市散居少数民族公民权益的情形时，受侵害的少数民族公民投诉无门，难以保障自己的合法权益。

三、立法建议

（一）完善城市民族立法体系

城市民族立法体系应该是由基本法律、一般法律、行政法规、地方性法规和地方政府规章等不同层次的法律法规共同组成的协调统一的整体，缺少其中的任何一环，都不可能形成一个完整的立法体系。

其一，制定散居少数民族权益保障基本法。当前全国共有 20 个省市出台了《散居少数民族权益保障条例》或《少数民族权益保障条例》，说明通过立法保护少数民族权益是大部分省市的选择，这些地方立法需要全国性的法律来统领、规范和指引，同时也为出台全国性《散居少数民族权益保障法》提供了实践经验。从理论上来说，《散居少数民族权益保障法》应是与《民族区域自治法》相对应的基本法，调整的对象各有侧重，是我国民族法律体系中的重要一环，应由全国人大或是全国人大常委会制定，保证其法律权威性。当前，随着城市散居少数民族流动人口数量的增多，此法律应及早出台，全国人大常委应责成法律委员会、民族委员会联合实践部门及相关专家学者调研，并向社会广泛征求意见。因散居少数民族包含范围较广，对于“城市少数民族流动人口权益”可以作为专章进行立法，内容上更具体，以增强可操作性。

其二，修订国务院《城市民族工作条例》。《城市民族工作条例》已制定 25 年，其中有些内容已不适应当前城市民族工作和少数民族权益保障。2016 年 6 月，国务院法制办发布了修订草案，共 1600 余字，涉及 21 处增删和修订。之所以重视《城市民族工作条例》的修订，是因为《城市民族工作条例》处于承上启下的一个地位，在上位法还没制定出来之前，作为最高位阶的行政法规，完善其立法，更为现实。通过修订不仅可以改善城市散居少数民族权益保障规范的实施效果，而且还能有效缓解城市散居少数民族权益保障立法长期滞后的困境。

其三，加强城市散居少数民族权益保障的配套法规建设。城市散居少数民族权益保护涉及方方面面，比如受教育权、劳动就业、养老保障、风俗习惯、宗教信仰等。当前，许多省市都出台了《清真食品管理条例》，这对保护城市散居少数民族的清真饮食习惯、规范清真饮食生产经营具有重要意义。还有一些地方出台了少数民族法律援助制度[1]及保障少数民族流动人口受教育权的工作细则[2]等，各地应该围绕实际情况，对城市散居少数民族权益保障作出更为细致的规定，以更好地保障城市少数民族的合法权益。

（二）加强地方立法的针对性

其一，在具体立法上虽然要依托上位法的指导，但是也要避免完全照抄照搬上位法的相关内容。上位法总体来说原则性规范要相对较多，实际上给了下位法更多的空间，各地要根据本地的实际情况进行细化。同位法之间也一样，其他地方的立法内容不一定适应本地情况。《南京市少数民族权益保障条例》（简称《条例》）在此问题的处理上比较好，明确指出鼓励服务少数民族事务的社会组织的发展，发挥其在少数民族就业培训、养老慈善、清真食品行业管理等方面的作用。江苏省的社会组织一直发展非常快，《条例》根据当地实际情况进行规定，与其他地方性法规相比，其规定更为具体，并且有了新内容[3]。

其二，立法内容要与立法主题契合。立法以城市少数民族权益保障为名的，应突出权益内容；如果是城市民族工作办法，则在权益保护的同时，可以增加更多城市少数民族管理与服务的相关内容。总之，内容与形式应该统一。

其三，完善立法中的违法责任条款。立法最根本的是能得到司法保障，

[1] 2015年6月，云南昆明出台首部《少数民族法律援助工作实施办法》。

[2] 2014年8月，江西省南昌市出台《保障城市少数民族流动人口受教育权工作细则》。

[3] 根据中国社会科学院《中国社会组织报告（2018）》，截至2017年年底，江苏省的社会组织数量排全国首位，超过全国总数的1/10。

在立法中应明确侵犯城市少数民族相关权益所应当承担的法律责任，同时完善相关配套立法工作，切实加强民族立法的可诉性。

（三）及时开展城市民族立法的废改立工作

其一，应根据城市民族发展与立法实际经验适时修订立法。从符合城市民族发展规律和少数民族权益保障的角度出发，清理和整合有关立法，对以下两种法规规章进行修订：第一种是在现行的立法文件中，如果有的条文已不适应现在城市民族发展或过于原则政策性规定，需要对之进行修订；第二种是对于下阶位的立法先于上阶位立法，在上阶位立法颁布以后，如果存在不一致或是矛盾的地方，必须对下阶位立法进行修订，如《河南省少数民族权益保障条例》为了与其他上位法保持一致，在 2010 年 7 月 30 日进行了修订。

其二，应将成熟的规范性文件转化为立法。城市散居少数民族立法建设是一个动态发展过程，随着国家民族政策的调整及政治、经济、文化的发展，其需要不断变革、创新。有些省市在某些领域通过规范性文件开展了创新性工作，使得城市少数民族流动人口的管理与权益保障有章可循，为下一步制定部门规章、地方性法规提供了实践经验。通过修改、废止和订立一系列配套立法，形成完备的城市民族立法体系，有利于更好地保护城市少数民族的合法权益。

2018年中国少数民族事业发展大事记

张金利 *

1月10日，由国家民族事务委员会（以下简称“国家民委”）组织的民族地区精准脱贫参观团在河南省郑州市组团。以“民族地区精准脱贫”为参观主题，尚属首次。

1月19日，国家体育总局与国家民委印发了《关于进一步加强少数民族传统体育工作的指导意见》，这是时隔12年后国家层面再次出台促进少数民族传统体育发展的规范性文件。

1月16日，国家民委正式发布《民族统计工作管理办法》，以适应新时期民族统计工作需要，更加科学、有效、规范地组织民族统计工作。

1月8日，为推动少数民族古籍保护工作迈上新台阶，国家民委印发《全国少数民族古籍保护工作“十三五”规划》。这是全国少数民族古籍保护工作的第一个五年规划。

3月6—7日，全国民族宣传工作会议在中央民族干部学院召开。会议通报了2017年民族题材好新闻推荐活

* 张金利，教育部人文社会科学重点研究基地中央民族大学中国少数民族研究中心、少数民族事业发展协同创新中心教师。

动评选结果，并对做好 2018 年民族宣传工作提出要求。

4 月 23—27 日，全国政协民族和宗教委员会工作培训班在中央社会主义学院举办。十三届全国政协民族和宗教委员会成员及各省、自治区、直辖市、副省级市政协民宗委负责同志等约 150 人参加培训。

5 月 21 日，国家民委所属高校学科建设工作研讨会在北京召开。会议总结了委属高校本轮学位授权审核工作有关情况，就下一步学科建设工作进行专题部署。

5 月 24 日，中央宣传部、国家民委在京举行《习近平谈治国理政》第二卷少数民族文字版翻译出版工作动员会。

5 月 27—28 日，全国民族自治县全面建成小康社会经验交流现场会在浙江省景宁畲族自治县召开。全国政协副主席、中央统战部副部长、国家民委主任巴特尔出席会议并讲话。

6 月 20 日，《西江模式：西江千户苗寨景区十年发展报告（2008—2018）》发布暨民族文化旅游扶贫研讨会在北京举办。会上，中国人类学民族学研究会民族旅游专业委员会、社会科学文献出版社、西江千户苗寨文化研究院共同发布了《西江模式：西江千户苗寨景区十年发展报告（2008—2018）》。该《报告》为首部中国少数民族特色村寨（景区）发展研究报告。

7 月 19—20 日，少数民族流动人口服务管理经验交流现场会在广州市召开。

8 月 10 日，中国在联合国消除种族歧视委员会上介绍中国民族工作和少数民族权利保护方面的新进展。

8 月 18—23 日，在北京举办的少数民族传统体育运动会上，天津市、河北省组成多民族代表团参加，“京津冀三地”首次相互派团参加民族运动会，共同推动京津冀协同发展。本届运动会还首次邀请民族地区扶贫攻坚协作地群众代表参加，促进各民族地区文化交流。

8 月 23 日，为推动少数民族医药在保健、教育、科研、产业、文化等方面全面发展，国家中医药管理局、国家民族事务委员会等 13 部门联合制定的《关于加强新时代少数民族医药工作的若干意见》公开发布。

9月初，为深入贯彻习近平总书记关于加强宪法学习宣传教育的重要指示精神，根据宪法学习宣传工作安排，司法部、国家民委、全国普法办联合印发了《“中国宪法边疆行”活动方案》的通知，部署在边疆地区开展宪法专题学习宣传教育活动。

9月15日，国家民委在青海省海南藏族自治州召开藏区职业教育发展经验交流会。会议指出，要认真学习贯彻习近平总书记在全国教育大会上的重要讲话精神，深入总结藏区职业教育发展经验，进一步明确藏区职业教育发展方向，以更高质量、更高水平的藏区职业教育服务藏区经济社会发展，促进民族团结进步。

9月20日，宁夏回族自治区成立60周年庆祝大会在银川市贺兰山体育场隆重举行。

9月21日，“多彩之韵”——第二届全国少数民族优秀声乐作品展演精品荟萃演出在北京中央民族歌舞团举办。

9月28日，中共中央政治局常委、全国政协主席汪洋在京会见全国少数民族参观团全体成员。全国少数民族参观团由国家民委组织，214名成员来自全国31个省（区、市）和新疆生产建设兵团，由各行各业涌现的民族团结优秀代表组成。参观团先后赴四川、陕西、河北、北京等地参观考察。

10月17日，全国兴边富民行动暨全国民委系统对口支援新疆西藏工作会议在新疆乌鲁木齐市召开。会议指出，提升兴边安边固边认识，深入学习领会习近平总书记关于边疆治理的重要论述，关键是要深刻领会好“治国必治边”的战略思想。

11月5日，“中国少数民族发展与人权进步”主题边会在日内瓦举办。

11月15日，国务院新闻办发布《新疆的文化保护与发展》白皮书。白皮书包括前言、新疆各民族文化是中华文化的组成部分、各民族语言文字广泛使用、宗教文化受到尊重和保护、文化遗产保护和传承取得成就、文化事业和文化产业不断发展、对外文化交流日趋活跃等部分。

11月28日，武陵山片区区域发展与扶贫攻坚试点联系工作领导小组全体会议在贵州铜仁召开。会议强调，要深入学习习近平总书记关于扶贫工作的重要论述，贯彻落实中央《关于打赢脱贫攻坚战三年行动的指导意见》，聚焦深度贫困地区和特殊贫困群体，把提高脱贫质量放在首位，统筹衔接脱贫攻坚与乡村振兴，着力改善片区发展环境，把三年办实事清单真正转化为行动，推动武陵山片区实现如期脱贫和同步小康。

12月10日，广西壮族自治区成立60周年庆祝大会在广西体育中心隆重举行。习近平总书记题词“建设壮美广西　共圆复兴梦想”。

12月12日，国务院新闻办公室发布《改革开放40年中国人权事业的发展进步》白皮书。白皮书指出，改革开放40年来，中国不断完善相关权利保障机制，采取有针对性的措施，为特定群体创造了实现自我发展和人生价值的机会，切实保障少数民族、妇女、儿童、老年人和残疾人的合法权益。白皮书从政治、经济、社会事业及宗教信仰等方面阐述了少数民族权益保障情况。